Ⓢ新潮新書

島田裕巳
SHIMADA Hiromi

完全版

創価学会

JN030088

1028

新潮社

（本文中、敬称略）

はじめに

二〇二三（令和五）年十一月十八日、創価学会の「池田大作先生」の訃報が報じられた。翌日の機関紙「聖教新聞」では、「池田大作先生が霊山へ」という見出しがつけられていた。霊山とは、創価学会が信奉する法華経にある浄土のことである。

おりしもそれは、創価学会の創立九十三周年にあたっていた。亡くなったのは同月十五日のことだったが、創立記念式典の準備にあたっている創価学園の学生、生徒たちのことを考慮して発表を遅らせたと説明された。十七日午後には、現在の原田稔会長を導師として家族葬が営まれ、十八日午前に茶毘に付されたという。

ついに、創価学会にとっての「Xデー」が訪れたのだ。

池田は二〇一〇（平成二十二）年六月に開かれた本部幹部会を欠席した。それまで、毎月開かれる幹部会に出席し、そこで講演を行うのを習わしとしていた。本部幹部会の欠席以降、会員の前に姿をあらわすことも希になった。「聖教新聞」に近影が掲載されるにとどまり、時間が経つと、その近影も載らなくなった。最後の段階では、池田が最近撮影したとされる写真が掲載されるだけになる。池田は写真が趣味で、これまで写真展が世界各地で開かれてきた。

ただ、創価学会の各種のイベントがあるときには、池田からメッセージや歌が寄せられ、それは「聖教新聞」に掲載された。平和や核軍縮についての長文の提言論文が掲載されることもあった。果たしてそれが池田自身の手になるものなのかどうか、その判断は難しい。老衰で亡くなったことを考えれば、亡くなるまで数年間の分は、誰かが代筆していた可能性が高い。あるいは、二〇一〇年以降のものはそうだったのかもしれない。

創価学会におけるXデーについては、本部幹部会を欠席する前から囁かれていた。二〇〇七年四月に刊行された「別冊宝島」には私も執筆しているが、それは「池田大作なき後の創価学会――巨大教団が迎える危機の研究」と題されていた。一時、重病説が流れたことがあり、Xデーが近いのではと言われたからである。

それから、亡くなるまで十六年以上の歳月が流れている。創価学会の会員たちも、いつかXデーが訪れることを覚悟していたはずだ。

しかし、いざそうした事態が訪れたとき、どうするのか。その点については、組織の内部で議論することなどできなかっただろう。創価学会の最高議決機関は総務会だが、そこでXデー以降のことが議論されたとは思えない。

それでも、本文のなかで述べる会則の変更や、小説『人間革命』の改訂、『日蓮大聖人御書《ごしょ》全集』の新版の刊行などがなされてきた。こうした重大な改革、変更は、池田が最終的に了承しなければ、あるいは了承した形にしなければ不可能である。そうした試みは、Xデーのための準備であったと見ることはできる。

しかし、いざXデーが現実のものになると、それは創価学会にとって予想以上に重要なことであるようにも思えてきた。創価学会に対してだけではなく、政治という回路を通して、日本の政治状況にも少なからぬ影響を与えるのではないだろうか。

それだけ池田の存在は大きいとも言える。

では、創価学会とはどういう集団なのだろうか。宗教としてどういった特徴を持っているのだろうか。

なぜ、八二七万世帯（公称）の会員を抱えるまでの巨大教団に発展したのだろうか。どうして政界に進出することになったのだろうか。そうした過程のなかで、池田の果たした役割はいかなるものだったのだろうか。そして、創価学会の本質はどこにあるのだろうか。

本書の序章から終章までは、二〇〇四年に刊行した新潮新書のままで、そうした点について論じている。

さらに今回、池田の死を受けて、二章分を増補した。いったい創価学会はどうなるのか、それは日本社会にどういった影響を与えるのかを考えた。

創価学会から生まれた公明党が政権与党として四半世紀に近い歴史を持っている以上、私たちは創価学会に強い関心を持たざるを得ない。だが、多くの人たちは、創価学会がどういう宗教団体であるのかを十分には認識できていないはずだ。少しでも創価学会理解に役立てばと、今回増補して改めて刊行することとした。

完全版　創価学会――目次

増補第一章　池田大作とは何だったのか

栄光と挫折

そもそも池田大作という存在を、私たちはどのようにとらえるべきなのだろうか。

池田は宗教家に分類しうるが、他の宗教団体の開祖や教祖と比較した場合、その性格は大きく異なる。教祖と言えば、一般には霊能力をはじめとする特殊な能力の持ち主として考えられている。

だが池田の場合、霊能力はもちろん、教祖なら備えているはずの特殊な能力は何一つ備えていない。池田が病気治しをしたなどという話はまったく伝わっていない。それは彼の師である戸田城聖の場合も、さらに戦前に創価学会の前身にあたる創価教育学会を創設した牧口常三郎の場合にも共通する。そこには、霊についての信仰をもたない創価学会の特質が関係している。

池田は創価学会自体の創立者ではなく、牧口、戸田に次ぐ三代目の会長である。ほとんどの新宗教の教団において、もっとも重要な役割を果たし、信者からの人望が厚いのは創立者である。ところが池田は三代目であるにもかかわらず、歴代の会長のなかでもっとも重要な存在と見なされてきた。創価学会と言えば、池田大作という印象が強い。

池田は、日本で最大の新宗教団体を半世紀以上にわたって率いてきただけに、さまざまな形で批判や非難、誹謗中傷を受け、女性関係にまつわるスキャンダルまで暴かれてきた。それでも、最期まで巨大組織の最高指導者の地位に君臨し、失脚したり、その地位を失ったりすることなく、人生をまっとうした。これは、驚異的なことである。

戦後、戸田と出会った池田は、戸田の経営する出版社や小口金融の会社で働き、頭角をあらわすことで、創価学会のなかでも布教活動の最前線に位置する参謀室長に抜擢された。とくに、創価学会の幹部が日蓮宗の僧侶と法論を戦わせた一九五五（昭和三十）年の「小樽問答」は、池田の組織のリーダーとしての資質を証明する機会となる。

この問答での議論は平行線のままで、決着がつかなかった。ところが、創価学会側の司会者をつとめた池田は、終了間際に法論に勝ったのは創価学会だと言い立て、学会が勝利したという「空気」を作り上げることに成功した。日蓮宗は、この小樽問答以降、創価学会との議論を禁止したので、実質的に創価学会は勝利をおさめたと言える。その功績は大きい。

しかし、二年後の一九五七年、参議院大阪地方区の選挙運動に従事した池田は、戸別訪問の容疑で逮捕、起訴され、最終的には無罪とされたものの、裁判にかけられた。その後も、一九七〇年に『創価学会を斬る』(藤原弘達著)の出版をめぐって言論出版妨害事件を起こした際には、国民に謝罪するとともに、公明党との政教分離を宣言しなければならなかった。池田は常に組織の先頭に立ち、矢面《やおもて》にさらされてきたからこそ、こうした苦労や挫折も味わってきたと言える。

言論出版妨害事件以降、創価学会に対する社会的な批判は高まり、国会で追及されたり、創価学会批判の書物が大量に刊行されるようになる。それによって、池田は独裁者であり、権力の亡者であるというイメージが作り上げられていった。

さらに、学会の組織のなかで重要な地位を占めていた側近が、池田に対して反旗を翻すといった出来事も続く。東京都議を長く務めた龍年光や、創価学会の顧問弁護士であった山崎正友の離反などがそれにあたる。龍は、創価学会の古参の幹部で、長年公明党都議会議員をつとめたにもかかわらず、創価学会が日蓮正宗《しょうしゅう》から破門されたときに脱会し、その後は池田批判をくり広げた。山崎は、学会の学生部出身で、顧問弁護士をつとめていた時代に日本共産党の宮本顕治宅盗聴事件に関与し、その後は、学会を恐喝する側にまわった。

最初に日蓮正宗からの独立をめざした一九七七年には、日蓮正宗の側からの猛反発で計画は頓挫し、池田は大石寺《たいせきじ》に赴いて詫びを入れなければならなかった。それでも事態はおさまらず、池田は会長の座を降り、名誉会長の職に退いた。あわせて大石寺の法華講総講頭も辞任した。これは池田にとって生涯最大の屈辱だったのではないか。

前原政之『池田大作――行動と軌跡』によれば、池田が名誉会長に替わった際、会員たちの前で挨拶しても拍手はまばらで、この時期、「聖教新聞」に池田のことばや写真が掲載されない日々が続いたという。会合に出ることさえままならなかった。池田は一時、創価学会の組織からさえ見放されていたのである。

そもそも池田は病弱だった。その恰幅のよさを示す写真ばかりが巷にあふれているため、想像しにくいが、戦後、創価学会に入会した時点では肺を病んでいた。戸田からは、「大作は、三十歳までしか生きられないかもしれない」と言われていたほどである。夫人の香峯子は、そのインタビュー集である『香峯子抄』のなかで、結婚以来、夫の健康管理に腐心してきたと語っていた。

二〇〇三年の春には、池田の重病説が流れ、実際、会合に姿を見せなかった時期もあった。それでも一旦は見事に復活し、会員の前で健在ぶりを示した。二〇〇六年十月には、海外の大学、学術機関から二百個目の名誉学術称号を授かったのを機に、十三年ぶりに一般のメディアの前に登場した。だが、その後は本部幹部会でのスピーチの大半を代読させるようになり、ついには幹部会に出なくなった。時折、その写真が「聖教新聞」などに掲載されるだけで、会員の前にまったく姿を見せなくなる。そして、二〇二三年十一月十五日に九十五歳で天寿をまっとうしたのだった。

格段の人望

多くの困難にあいつつも、なぜ池田は巨大教団のトップに君臨し続けることができたのだろうか。

池田が会長を退いてから就任した名誉会長という地位は、池田のために設けられた特別なもので、創価学会の作成した組織図にも出てこないものだった。会長との上下関係が明確にされることもなかったが、会員からの人望は厚かった。

また池田は、最期まで創価学会の国際組織である創価学会インタナショナル（ＳＧＩ）の会長職にあった。ＳＧＩの著名な会員たちは、来日するたびに池田を表敬訪問した。グラミー賞を受賞したジャズ・ピアニストのハービー・ハンコックやサックス・プレイヤーのウェイン・ショーターは、池田の前で演奏するためだけに来日したこともあった。

映画『ロード・オブ・ザ・リング』や『パイレーツ・オブ・カリビアン』に出演したイギリスの人気俳優オーランド・ブルームは、二〇〇四年にＳＧＩに入信し、二〇〇六年夏には創価学会の長野研修道場で池田夫妻に面会した。彼は二〇〇九年秋にも来日し、本部幹部会で池田に再会している。たまたま私は、このときの本部幹部会の中継を見ている。ブルームの嬉しそうな顔が印象的だった。

池田が、会員たちから厚い信頼を得てきた背景には、国内外を問わず、各地を頻繁に訪れ、会員たちと直接に交流していたという事実がある。国内でもっとも頻繁に訪れたのが関西で、なんとその回数は二五八回にも及んだ。中部にも一〇〇回以上出向いている。

抜群の記憶力を持つ池田は、地方の会員でも、一度会えばそれを覚えていて、会員を感激させた。会員に慕われるのも、そうした細かな気配りがあってのことである。

高齢になってからは、地方に直接出向くことはなくなり、まして海外を訪れることはなくなった。その代わりとなったのが、本部幹部会の衛星中継だった。これは、幹部会を録画したものを、一定の期間、各地域にある創価学会の会館で放送するもので、「本幹（本部幹部会の略）」、「同放（同時放送）」、「同中（同時中継）」と呼ばれるようになっていく。

そこでの池田のパフォーマンスについては、第三章で詳しくふれるが、池田のスピーチは実に巧みで、会員のこころをたちどころにつかんでしまう魅力にあふれていた。

その点は、彼の師である戸田と似ていた。ただし、体つきのせいかもしれないが、戸田に比べて池田の方がはるかに威厳を備えていた。庶民的という点では共通しても、池田は、古今東西の文学作品や有識者のことばを頻繁に引用し、仏教思想についても博識なところを示した。会員とのやり取りにしろ、包容力という観点からは、池田の方に軍配があがった。

会員たちも、戸田に対しては気さくに接していたが、池田に対しては、畏怖の気持ちを抱いているように見受けられた。創価学会の熱心な会員で、芸術部の副部長である芸能人の久本雅美が涙ながらに池田の話を語る映像がネット上に流されたことがあったが、そうしたことが起こるのも、会員にとって池田が偉大なカリスマだったからである。

二〇〇七年の正月、ほとんど人がいない創価大学のキャンパスを、車に乗った池田が視察に訪れた。そこに出くわした人物は、「たとえ学生がいなくても、自分が創立した大学のことをつねに見守っている池田の姿に感動した」と語っている。

ただし、これを伝えたのは「聖教新聞」であり、話全体が、さりげない形での池田のイメージアップになっていた。それでもこの記事を読んだ会員たちは、親身になって学生たちのことを思う池田の姿に感銘を受けたことであろう。

「聖教新聞」や「潮」「第三文明」といった創価学会系のメディアは、つねに池田を偉大な宗教家、思想家、教育家として称揚し続けた。晩年には、とくに平和思想家としての面が強調された。池田が受賞した平和運動関係の賞としては、インドの国家的機関、アジア協会からの「タゴール平和賞」（一九九七年）や、国連NGO、世界平和国際教育者協会からの「アルバート・アインシュタイン平和賞」（一九九九年）がある。

これに対して、創価学会に批判的な人間は、池田はノーベル平和賞の受賞を目的として実績作りに奔走しているととらえてきた。

封じ込められたカリスマ

池田については、創価学会の側だけではなく、創価学会と対立したり、敵対する側も膨大な情報を流してきた。けれども、その実像ということになると、正確なところはほとんど伝わってこなかった。晩年になればなるほど、創価学会の外部の人間で、池田に直接会ったことのある人間は少なくなっていく。私も結局、一度も会うことがかなわなかった。その姿を直接見る機会もなかった。

過去には、ルポライターの児玉隆也によるもののように、池田の日常に迫ったルポルタージュもあった。あるいは、松本清張や内藤国夫、田原総一朗のように、池田と対談した作家やジャーナリストもいた。

田原の場合には、創価学会の会館に出向いて対談しているが、松本と内藤の場合には、池田は対談場所にたった一人で姿をあらわした。松本も内藤も、そのことに驚き、単身で乗り込んできた点については評価していた。

とくに内藤の場合には、創価学会にかなり批判的な立場をとっていたため、創価学会の内部では、内藤との対談に反対する声が上がっていた。それでも池田は内藤との対談を決断した。対談の場でも、「なんでも質問してください」と前置きして、かなり意地悪な質問にもすべて答えていった。

こうした池田の姿は、創価学会が伝えようとしているものとも、外部のメディアが描く独裁者、権力者のそれとも違っていた。もちろん、これをもって池田の実像だと言い切ってしまうのは問題がある。というのも、池田にかぎらず、カリスマ的な指導者は多面的な顔をもっており、相手や場にあわせて発言の内容を変えたり、態度を変化させることが少なくないからだ。

カリスマは、その場の空気を読むことにたけており、それに合わせられるだけの柔軟性をもっている。彼らは演技する存在でもある。池田は、自ら演技していると語ったわけではない。だが、巨大教団のトップに五十年以上君臨したわけで、その間に、さまざまな顔を備えてきたと考えられる。

その点で、カリスマ的な存在について、実像と虚像とを区別することはほとんど不可能に近い。本人にとっても、もはやこれが自分の実像だと言えるようなものは持ち合わせていなかったのではないだろうか。

この相手に合わせて変化する多面性が災いすることもあった。

外部の人間から質問を受けた場合、池田は世間の一面的なとらえ方をくつがえすために、率直でオープンな指導者として振る舞おうとした。しかし、インタビューや対談は、学会員も読むわけで、一般の読者だけではなく、彼らをも満足させなければならなかった。どんな意地悪な質問をされようと、臆することなく、忌憚のない素直な答えを返していかなければならない。そうなると、池田の答えは、あけっぴろげで、ざっくばらんなものにならざるを得なかった。

学会の組織にとって、とくに巨大教団を管理、運営していかなければならない学会本部にとって、外部の人間に直接池田を会わせることは、組織の維持という観点からは都合の悪いことを池田に言わせてしまうことにもなりかねない。池田と対談した田原は、実際の対談内容は「中央公論」(一九九五年四月号)に掲載されたものとは異なり、池田はもっと大胆なことを語っていたと述べている。ところが、学会本部の側が、発言を無難なものに変えてしまったのだという。

池田を独裁者、絶対的な権力者として見ようとする人々は、池田の一存で巨大教団が動いているかのようなとらえ方をしていた。けれども、池田の発言は教団本部によって封じ込められている面があった。とても、その一存で組織を動かしているとは言えなかったのである。

前掲『池田大作』の最後に載せられたインタビューのなかで、池田は、自分が生涯にわたっていわれなき中傷や批判を浴び続けてきたとし、「私ほどみんなに監視され続けた人生も少ないと思いますよ」と述べていた。池田を監視してきた存在のなかには、当然外部のメディアも含まれるだろうが、同時に創価学会の組織、とくに教団本部も含まれるように思われる。

受賞のからくり

池田は、その生涯において、四百を超える名誉学術称号や各種の表彰や賞を受けてきた。創価学会の組織は、これをもって池田の平和思想家としての活動や実績が世界的に評価され、その偉大さが証明されたかのような扱いをしてきた。

しかし、なぜ名誉学術称号や勲章が授与されたのかを調べていくと、そこには一種の「からくり」があるのがわかる。それぞれの授与の背景には、創価大学や民音（民主音楽協会）、あるいは東京富士美術館といった創価学会系の機関の活動がかかわっていた。

それぞれの機関が、先方の国や地域、大学で活動を展開した結果、機関の代表である池田が称号や勲章を授かったのであって、決して池田個人の活動や実績が評価されたわけではないことが少なくない。こうした機関はどれも池田が創立者となっており、その活動は広い意味では池田の実績にカウントされるのかもしれない。だが、池田の平和思想家としての個人的な活動がどの場合も評価されたというわけではなかった。

一つ例をあげよう。

一九九一年、池田はタイの国家から王冠勲章勲一等を授与された。池田は一九六一年以来何度もタイを訪れ、両国の友好に寄与していたという。それでも、具体的な実績となると、創価大学がタイの二つの大学と学術交流協定を結んだり、民音がタイの伝統的な芸能集団を招聘したりといったもので、やはり創価学会系の機関があげたものだった。

なかでも東京富士美術館では、タイの国王が写真を趣味にしていることから、その写真展を開催している。写真展はロサンジェルスやロンドン近郊でも開催されたようだが、ここまでくると、実績作りに、つまりは池田が勲章を授与される道筋をつけるために、涙ぐましい努力がなされていたようにも思えてしまう。

先に、池田が「タゴール平和賞」や「アルバート・アインシュタイン平和賞」を受賞していることに言及した。タゴールやアインシュタインの名前からは、いずれも由緒ある賞であるかのような印象を受ける。

けれども、どちらの賞の場合にも、池田以外にこの賞を受賞した人間は見当たらない。二つの賞は、池田のためだけに創設された可能性さえある。少なくとも、アメリカのシカゴにあるアルバート・アインシュタイン平和賞基金によるアルバート・アインシュタイン平和賞は、世界平和国際教育者協会のアルバート・アインシュタイン平和賞とは別物である。

名誉学術称号の場合、それを授与してもらうために、もっとも活用されたのが、創価大学による海外の大学との学術交流協定の調印だった。創価大学は二五一の大学と協定を結んでおり（二〇二三年十月現在）、そのうちの多くから、池田は名誉学術称号を授与されている。しかも、協定を結んではいても、交換留学の制度を実施していないことも多い。これでは、名誉学術称号のためだけに協定を結んでいると批判されてもしかたがない。

こうした試みを、池田を実際の姿よりも偉大な存在に見せようとする「虚像化」としてとらえるならば、晩年になればなるほど、その虚像化は積極的に推し進められた。

たとえば池田は、一九六八年に開かれた学会の学生部総会で「中国問題への提言」という講演を行い、そのなかで中国との国交回復の必要性を訴えた。創価学会は、この提言が功を奏し、一九七二年に日中国交回復が実現したかのように宣伝してきた。

講演のなかで池田は、「中共政権」を正式に認めることと、国連に正当な席を用意することを提言している。この提言は朝日新聞がすぐに伝え、そこに中国の政権が着目したのは事実だが、池田の講演は台湾を中国の一部ととらえる「一つの中国」を主張するまでにはいたっていなかった。具体的に国交回復を進めたのは、自民党の田中角栄であり、その意を受けて中国側と折衝を重ねた公明党の竹入義勝であった。

創価学会は、長く公明党の委員長の座にあった竹入が党の金を横領したり、学歴詐称をしたとして、一九九八年から厳しい竹入批判を展開してきた。だが、日中国交回復に竹入が貢献したことは事実で、中国側は今もその点で竹入を評価している。池田が、中国を訪れるのは提言から六年後の一九七四年で、その際には、毛沢東とも周恩来とも会えなかった。中国が池田を厚遇するようになるのは、やはり創価学会系の各機関がさまざまな形で友好活動を展開するようになってからのことである。

後に創価学会に反旗を翻した元教学部長の原島嵩《たかし》は、池田が「日中国交回復の産みの親」であるかのように振る舞えるのは、瓢箪から駒のようなもので、学生部総会での提言は先駆的な発言だったが、その後の日本と中国の関係の進展のなかで、予想外に評価されたからだと述べている（「フォーラム21」二〇〇二年十月一日号）。

ただし、竹入のもとで公明党の書記長をつとめた矢野絢也は、私との対談で、日中国交回復においては、松村謙三、古井喜実、川崎秀二といった親中派の国会議員と池田との交流が布石になっており、竹入だけの功績ではないとした。

ところが、竹入は日中共同声明を出して、中国から帰国したおり、新聞記者からの「共同声明がうまくいったのは、池田さんのおかげですよね」という問いかけに、「いや、そんなことはありません」と答えたとされ、それが創価学会幹部の怒りをかったという。矢野は、竹入の側にも「政教分離なんだから、そう言わなしゃあないやないか」という言い分があったと推測している（『創価学会　もうひとつのニッポン』）。

演じ続けた虚像

かつて池田は、「折伏《しゃくぶく》」と称された布教活動の最前線に立って、活動を展開し、他の会員たちを引っ張っていった。だからこそ、参院選挙では、逮捕という試練にも遭遇した。あるいは、創価学会が一般の社会や日蓮正宗の宗門から批判や非難を受けたときには、その矢面に立ち、自らが責任を取ることで事態の収拾をはかってきた。

だが、晩年の池田は最前線に立っているわけでもなければ、矢面に立っているわけでもなかった。その存命中、創価学会に大きな問題が起こったとしても、池田が謝罪したり、全面的に責任を取ったりすることはなかっただろう。名誉会長という特殊な地位は、それを許さない。責任は、会長や理事長が取るしかなかった。

そして一方では、ここまで述べてきたように、池田の虚像化が進み、その実像はいっさい外に伝わらなくなった。晩年の池田に直接会ったジャーナリストもいない。結局は、田原による一九九五年のインタビューが最後になった。「中央公論」二〇一〇年四月号には、茂木健一郎との「科学と宗教の対話」が掲載されたが、これは直接顔を合わせることのない往復書簡である。海外の著名人との対話も、晩年のものは、やはり直接会っての対談ではなく、往復書簡によるものだった。

その意味で晩年の池田は、創価学会の「象徴」に祭り上げられていたと言える。日本国の象徴である天皇が国事行為という形をとらなければ、現実の政治に関与できないように、池田も、創価学会の組織の運営に実際には携われなくなっていた。自分は監視され続けてきたという池田の発言には、そうした状況が反映されていたように思われる。

池田は、創価学会の精神的な指導者、各機関の先見的な創立者、平和思想家という役割をひたすら演じ続けた。創価学会の組織から、そして膨大な数の会員たちから望まれるままに、名誉会長という役を演じきったのである。

それは、池田に限らず、組織の頂点に君臨しているかのように見える独裁者、権力者に共通して言えることだろう。本人は、それが実像ではなく虚像であるとわかっていても――当然、わかっているはずだ――、そこから逸脱することは許されない。虚像が会員たちを鼓舞し、こころの支えになっている以上、それを崩すわけにはいかないのである。

想定されなかった後継者

では、池田大作の死は、創価学会にとっていかなる意味をもつことになるのだろうか。それは、組織を実際に率いている実務的なリーダーの喪失ではない。したがって、組織の運営が即座に立ち行かなくなったり、支障を来たすということはないであろう。布教活動に直接の影響が出ることもない。

後継者争いが起こることも考えにくい。名誉会長という職は池田のために作られたもので、一代限りである可能性が高い。今後、他の人間が受け継ぐとは思えない。「池田大作先生」という呼び方も同じで、今後、創価学会に新しい「先生」が生まれる可能性はほとんどない。

国際組織であるＳＧＩでは、最期まで会長の地位に留まったものの、国内の創価学会の組織とは異なり、会長が実際的な役割を果たしていなかったので、ここでも後継者争いは起こり得ない。ＳＧＩ会長については、長男の博正が継ぐ可能性も考えられるが、博正にカリスマ性はほとんどなく、海外の会員たちが、新しい会長を崇拝の対象にすることはないだろう。

後継者争いが起こらないということは、池田に後継者がいないという意味でもある。そこには学会の構造的な問題が関係している。

創価学会では、何よりも師弟の関係が重視されてきた。「師弟不二」という特有の表現で、師と弟子とが分かち難く結びついていることが強調されてきた。ここで言う師とは、戸田城聖にとっての牧口常三郎であり、池田大作にとっての戸田である。会則にも、創価学会の信仰は、師から弟子へという形で、初代の牧口から戸田、そして池田へと三代の会長に受け継がれてきたと明記されている。

池田が三代会長の座を退いたとき、四代会長になったのは北条浩で、北条の急逝の後には、秋谷《あきや》栄之助が四半世紀のあいだ会長を務めた。そして、二〇〇六年には六代目となる原田稔に受け継がれている。だが、四代目以降の会長は、三代目までとは根本的に性格が違う。北条から後の会長は、実務を総括することを役割としており、宗教的な指導者というわけではない。宗教的な面は、名誉会長としての池田が担ってきたからである。北条以降の会長は先生と呼ばれることはない。

そもそも、会則で牧口から池田までの師弟不二の精神が強調されているように、池田の後にカリスマ的な指導者があらわれることを、創価学会は想定していない。

天皇家なら、天皇という地位は血筋で継承されていく。だが、創価学会では、継承は師弟関係を通してなされるものの、池田には、後を託せるだけの一番弟子がいない。そこが、牧口や戸田と池田の異なる点である。博正が後継者になれない理由のひとつは、彼にとって池田は父親であり、師ではないからである。

伝統芸能の家では、実の親が師になることはある。だが、博正は一度も池田のことを自分の師とは呼んでいない。池田の死を伝えるビデオメッセージでは、最初池田のことを「池田先生」と呼んだが、後の部分では「父」と呼んでいた。池田の生前、父親の代わりに海外に出向き、授賞式に出席したり、スピーチをすることもあったが、それはあくまで代理としてで、彼は「名代」にすぎないのだ。

消え行くバブル

師弟関係の重要性を強調してきた創価学会は、池田亡き後、師なき時代に突入する。

組織としては、今度は個々の会員が師となり、新たに弟子を育てていくべきだというキャンペーンをはるかもしれないが、それが功を奏するとは思えない。創価学会における師とは、卓越した指導力を発揮するカリスマ的な存在であり、誰もがなれるものではないからである。

しかも、創価学会では霊の観念が希薄である。霊の祟りという観念もなければ、先祖の霊を信仰の対象とすることもない。その点で、霊となった池田が会員たちを見守り、霊界から指導しているといった体制を作ることも難しい。

生前にすでに組織をあげて池田の神格化を推し進めてきたことが、学会の存続にとっては、かえってあだになる可能性もある。池田の存在が実像を離れてはるかに肥大化されていっただけに、その不在は取り返しのつかない事態を生むかもしれない。

そして、神格化が実は虚像化であり、相当に水増しされたものであることが明らかになれば、池田に対する会員たちの関心自体失せていく。すでにその兆候は、生前にあらわれていた。

『新・人間革命』など池田の晩年の著作は、会員の数に見合った部数が売れなくなっていた。『人間革命』に比較して、その内容が単調で物語性に欠けているせいもあるが、すでに池田の著作ならなんでも買うという会員は少なくなっていた。夫人の『香峯子抄』はミリオンセラーになったが、晩年の池田の著作がミリオンセラーになることはなかった。

戸田が偉大な指導者として崇められてきたのは、池田の小説『人間革命』があってのことである。池田が戸田を師として崇めることで、戸田の地位は高まった。もしそれがなければ、戸田は、最終的には必ずしも成功を得られなかった実業家であり、酒を飲まなければ演説もできない気弱な指導者にすぎなかったともいえる。

池田の死後も、精一杯神格化されたその評価を維持するためには、池田を評価し続ける人間が必要である。それができるのは、池田から全幅の信頼を寄せられた一番弟子以外にはあり得ない。その一番弟子が存在しない以上、池田への評価は徐々に下がっていかざるを得ない。

池田の死後、創価学会の会員は、そして創価学会の組織は、池田の存在がいかに大きなものであったのかを改めて認識することになるだろう。

だが、そのときには風船のようにふくらんだ池田の偉大さは、すでに消えかかっている。池田という存在は、実はバブルだったのではないか。創価学会の組織が虚像化によって懸命にふくらまし、池田自身がそれを演じることで保たれてきたバブルは、その死を境に、消滅しようとしているのである。

増補第二章　池田亡き後の創価学会

日蓮正宗との決別

ポスト池田の時代における創価学会の動向を考える上で、一九九〇（平成二）年から一九九一年にかけて起こった日蓮正宗との決別は決定的に重要な出来事である。日蓮正宗は、創価学会とその国際組織である創価学会インタナショナル（ＳＧＩ）を破門した。それ以来、創価学会の側は激しい日蓮正宗批判をくり広げてきた。

しかし、決別以前の時代において、日蓮正宗という存在は創価学会にとって不可欠な役割を果たしていた。

戦後の高度経済成長の時代に勢力を拡大した新宗教には、創価学会を含めて、立正佼成会や霊友会など日蓮系、法華系の在家仏教教団が多い。日蓮系の教団は、現実の社会において幸福を追求し、現世利益の実現を強調するので、貧困から脱しようとする庶民層には魅力的な存在だった。

ただ、立正佼成会やその母体ともなった霊友会の場合には、特定の出家集団との関係がないため、葬儀を契機に会員がそれぞれの家の信仰に戻ってしまうことが少なかった。

これに対して、創価学会の場合は日蓮正宗の僧侶と関係が深かったため、自分たちの信仰にもとづいて葬儀を執り行うことができた。葬儀だけではなく、結婚式や地鎮祭も日蓮正宗の僧侶に依頼できた。創価学会が他の宗教や宗派に対して攻撃的で排他的な姿勢を保つことができたのも、自前で冠婚葬祭の儀式を執り行うことができ、その面で、他の宗教や宗派とかかわりをもつ必要がなかったからである。

創価学会は、会員たちによる「財務」という献金の制度を通して集まった金で、日蓮正宗の総本山である大石寺や地域の寺院に寄進を行った。それによって、大石寺には正本堂（一九七二年建立、決別後の一九九八年解体）をはじめ巨大な建築物が作られ、さらには全国各地に次々と日蓮正宗の寺院が作られた。創価学会が寄進した寺院の数は三五十カ寺を超える。会員は、大石寺や日蓮正宗寺院の隆盛を目の当たりにすることで、自分たちの組織が着実に拡大していることを実感できた。

学会員たちは、「登山」と称して、定期的に大石寺に参拝した。大石寺には、「本門戒壇之大御本尊」と呼ばれる板曼荼羅《いたまんだら》が安置され、登山するとそれを拝むことができた。板曼荼羅とは、楠の厚い板に「南無妙法蓮華経」を中心とした日蓮自筆の文字曼荼羅を彫刻したものである。

二代会長である戸田城聖は、この板曼荼羅を「幸福製造器」と呼び、これさえ信仰していれば必ずや幸福になれると説いたと言われてきた。ただ戸田がいつどこでそのように述べたかははっきりしていない。一九五五（昭和三十）年六月五日に東京の中央大学講堂で開かれた第四回足立支部総会で、「これをじょうずに使えば、かならず人生が幸福になる」機械についてはふれている。

戸田は、そんな機械があれば、一台十万円くらいで売れるが、いまの西洋の科学ではそれはできないとする。七百年前の日本にはちゃんとそうした機械ができていたと言い、「あの大御本尊様が、われわれの生活を幸福にしてくれるという絶対的な〝機械〟なのです」（『戸田城聖全集』第四巻）と述べている。この発言が、幸福製造器という表現を生んだのだろう。

会員が日蓮正宗に入信する際には、板曼荼羅を日蓮正宗の法主《ほっす》が書写したものが授与された。会員たちはこの本尊を自分の家の仏壇に祀り、その前で、毎日法華経の一部と「南無妙法蓮華経」の題目を上げる「勤行《ごんぎょう》」を行った。

創価学会の教えは、基本的に日蓮正宗の教義をもとにしている。当初から創価学会と日蓮正宗は別々の宗教法人を組織していたものの、さまざまな点で密接な関連をもっていた。その点で、創価学会が日蓮正宗と決別したことの意味は計り知れないほど大きい。

聖地を失うということ

創価学会は、決別によって、日蓮正宗の僧侶を奉る必要がなくなり、自由に活動できるようになった。会員からの財務についても、大石寺に寄進する必要がなくなり、すべてを創価学会の組織の維持、拡大に振り向けることができるようになった。

会員たちも、月例の登山会に参加することがなくなり、そのための費用を準備する必要がなくなった。登山には交通費がかかるし、本尊の「開扉料」として、そのたびごとに大石寺に二千円を納めなければならなかった。

このように、創価学会にとって、日蓮正宗との決別は経済的な恩恵をもたらした。だからこそ、創価学会は日蓮正宗からの独立をめざしたとも言える。だが、それによって失ったものも大きかった。

まず第一に、創価学会の会員は、破門されることで、大石寺に参拝できなくなった。創価学会には、ほかに参拝の対象となる宗教施設はない。東京の信濃町には学会関連の施設が林立しているものの、それは基本的に催し物や会合のための建物であり、参拝のための場所ではない。つまり創価学会は、彼らにとって唯一の「聖地」を失ったのである。

大石寺を失うということは、同時に、幸福を生み出す本尊を失うということでもあった。登山できなければ、本門戒壇之大御本尊に礼拝することはできない。その代わりに、日蓮正宗の第二六世日寛上人が書写した本尊が信濃町に新たに建てられた広宣流布大誓堂に祀られている。ただ、月例の登山会を行うために「輸送班」というボランティア組織が作られ、それは会員たちの結束を固め、組織活動の訓練の場として機能してきたが、登山がなくなることで、こうした機会は失われた。

聖地がいかに重要なものであるかは、他の宗教の場合を考えれば理解できる。イスラム教では、サウジアラビアのメッカ（マッカ）が聖地に定められ、信者たちは、一日五回、メッカの方向にむかって礼拝を行っている。そして、一年に一度めぐってくる「巡礼月（ズー・アルヒッジャ）」には、世界中のイスラム教徒がメッカに巡礼し、その数は二百万人以上に及ぶ。

キリスト教でも、聖母マリアが出現したとされるフランスのルルドには、年間五百万人以上のキリスト教徒が訪れる。また、中世のキリスト教世界で「十字軍」が組織されたのも、イスラム教徒に奪われた聖地エルサレムを奪回するためだった。

それほど聖地という存在はそれぞれの宗教にとって重要である。信濃町が聖地になったとも言えるが、都会のなかの聖地と、富士山を間近に望むことができる大石寺では、訪れたときの感覚が大きく違う。聖地を失うことは、その宗教の根幹が揺らぐということを意味する。

しかも、創価学会の場合、儀礼はすべて大石寺や日蓮正宗の寺院で行われていたため、日蓮正宗と決別することで、儀礼の機会も失われてしまった。葬儀にかんしては、僧侶を呼ばず、仲間で読経し、戒名を授からない「友人葬」が定着し、他の宗派に頼らないでもすむ体制ができあがっている。友人葬は、世間一般で進む葬儀の簡略化の先駆となるものでもあるが、簡素なものである分、会員の結束に役立つものではない。

これは日蓮正宗との決別とは直接に関連しないが、巨大スタジアムを借り切ってマスゲームを行い、人文字を作る「世界青年平和文化祭」も、一九九八年を最後に国内では開催されていない。この祭典は、若い二世、三世の会員の信仰を覚醒させ、組織の結束をはかるための機会として機能していた。

創価学会の信仰は、会員の子どもや孫たちに形の上では伝わっている。それは、他の新宗教の教団がなかなか実現できなかったことでもある。けれども、平和文化祭がなくなったことで、若い会員は信仰への情熱をかき立てられなくなった。若い世代はあくまで「家の宗教」として学会の信仰を受け継いでいるだけで、自分で信仰を獲得した一世とは異なり、熱心に折伏したり、「聖教新聞」の拡販に当たったりすることもない。選挙活動も、創価学会員であることを明かすことでもあり、さほど熱心ではなくなっている。

決定的なのは、読経と「南無妙法蓮華経」の唱題による「勤行」の簡素化である。以前は、勤行を行うには朝三十分、晩十五分かかかった。それが二〇〇四年、それぞれ五分ずつに短縮された。これは、国際的に定められた「SGI勤行」に統一するためのものだと説明された。けれども、現実には、会員たちが勤行に熱心でなくなった結果、組織としても短縮に踏み切らざるを得なかったというのが実状である。

創価学会の信仰活動の核になってきたのが、この勤行である。創価学会に入会するということは、本尊を授かり、その本尊にむかって勤行をあげることを意味した。

勤行さえあげていれば、幸福になり、現世利益がもたらされると説かれてきたため、会員たちは熱心に勤行につとめてきた。街のなかでも、朝晩、勤行をあげる声が聞こえてきたものだが、最近はそうした声を聞くことが少なくなっている。鉄筋の建物が増え、防音がきくようになったせいかもしれないが、やはり信仰の形骸化が進行していると見るべきだろう。

実現しなかった和解

創価学会が日蓮正宗から破門され、決別への道を歩みはじめた当初の段階では、どちらの側もそれが両者の永遠の別れになるとは考えていなかったはずだ。創価学会の側は、日蓮正宗の体制が変われば、ふたたび出家と在家が手を携えて「広宣流布（日蓮正宗の教えを積極的に広めること）」にあたるようになると考えていたように思われる。

だからこそ、日蓮正宗を批判する際に、当時の法主である阿部日顕の名前から、「日顕宗」と呼び、そちらをターゲットに定めてきた。それは、日蓮正宗そのものを直接の批判の対象にしないための方策であった。日蓮正宗から離脱し、創価学会の側についた僧侶の処遇を明確にせず、棚上げにしてきたのも、将来の和解を見越してのことだったに違いない。

けれども、両者の決別以来、三十年以上の歳月が過ぎた。創価学会と日蓮正宗が和解し、かつてのような僧侶と俗人とが一体になった「僧俗和合」の状態が訪れる兆しはまったく見えていない。二〇〇五年末には、阿部日顕が法主の座を降り、新たに早瀬日如が第六十八世法主に就任した。けれども、創価学会は新法主のことを「ニセ法主二世」

などと呼び、日顕の時代と同様に批判を続けた。

すでに創価学会の会員のなかには、大石寺に一度も登山したことがない人間が増えている。登山の経験がある会員のなかでも、それは過去のものになりつつある。若い世代の場合には、最初から日顕宗批判を聞かされ、僧侶たちがいかに「堕落」し、「創価学会のことを蔑《ないがし》ろにしてきた」かということを徹底して教えられてきた。そのため、大石寺や日蓮正宗に対して親近感など抱けなくなっている。

そもそも若い会員たちは、創価学会と日蓮正宗が密接な関係をもっていたこと自体、はっきりとは認識していないだろう。こうした状況に至った以上、日蓮正宗と創価学会がかつての親密さを取り戻すとはとうてい考えられない。

その点は、「現代の御書」とされ、聖典としての扱いを受けてきた『人間革命』の改訂にも結びついている。『人間革命』は、二〇一三年から聖教ワイド文庫版が刊行される際に、第二版に改められたが、随所で初版からの改訂が施された。とくに、日蓮正宗の僧侶について言及した部分にそれが多く、僧侶を「先生」や「尊師」と呼んでいたのが、ただの「住職」と呼ばれ、尊敬の意味がこめられなくなった。

たしかに創価学会は、日蓮正宗と決別したことで、その経済的な負担は軽くなった。けれども、皮肉なことに、経済的な余裕が生まれたことで、かえってその金を騙し取られるという事件も一時頻発した。

二〇〇〇年前後に起きた「八葉グループ事件」のように、創価学会の組織や教義、スローガンを真似たマルチ商法に多数の会員がひっかかったり、財務の際には創価学会の会員をもっぱらターゲットにした振り込め詐欺が横行したりした。日蓮正宗に「搾取」されなくなった代わりに、創価学会の内部で会員が他の会員をターゲットにした搾取が行われるようになったのだ。

日蓮正宗と決別した直後、日蓮正宗の在家集団でなくなった創価学会は、宗教法人としての資格を失ったとして、一部に、その認証を取り消すよう求める声が上がった。これに対して創価学会は、二〇〇二年に会則の改正を行い、脱日蓮正宗の方向性を示す。日蓮正宗では、正しい信仰は代々の法主にのみ受け継がれているという立場をとっており、決別以前の創価学会は、それに同調してきた。けれども、新しい会則では、正しい信仰は牧口常三郎、戸田城聖、そして池田大作という三代の会長に継承されてきたとされ、日蓮正宗の法主の権威は否定されたのである。

錦の御旗を失って

一九九五年にオウム真理教の地下鉄サリン事件が起こると、宗教法人法に問題があるという声が強まり、その改正が議論になった。その際には、前年に分党していた公明党の衆議院議員と同年夏改選の参議院議員が合流した新進党と、非改選の参議院議員と地方議員とで結成した公明が、ともに野党の立場にあったため、途中から議論は創価学会対策の様相を帯びていく。

しかし、一九九九年に公明党（前年に再結成）が自民党と連立政権を組むようになってからは、かつて公明党、創価学会を激しく批判していた自民党議員も、票を確保するために公明党、創価学会にすり寄るようになった。

そうした状況では、宗教法人法を改正して、創価学会の活動に課税するなどという事態は起こりようがなかったし、まして宗教法人としての創価学会の認証の取り消しなどはあり得ないことだった。創価学会と公明党との政教一致の実態をめぐって、池田の参考人招致を求める声もまったく上がらなくなる。

二〇〇九年には政権交代が起こり、民主党が政権の座についた。しかし、衆議院と参議院のねじれ現象などもあり、政権基盤は安定していなかった。そうした状況のなかでは、民主党が、公明党と創価学会との関係を持ち出して、それを強く批判するようにはならなかった。その時期、いつ公明党との連立が現実的な問題として浮上するとも限らなかったからである。

もともと創価学会が公明党を組織して政界へ進出したのは、「王仏冥合《おうぶつみょうごう》」という宗教的な理念を実現するためだった。それは、創価学会の信奉する日蓮正宗を国教に定めることを最終的な目的とするものだとも言われた。ただ、公明党を結成し、衆議院にも議席を得て、公明党単独で政権奪取をめざすようになるのは池田が会長になってからのことだった。

これは妄想に近い非現実的な計画だったが、一九六〇年代の後半に、創価学会が爆発的に会員数を伸ばしていた時代、会員たちは公明党が第一党になる日を夢見ることができた。ところが、一九七〇年に問題となった言論出版妨害事件によって、公明党と創価学会は、社会から厳しい批判を受け、王仏冥合の理念を取り下げなければならなくなる。あわせて、政教分離を明確にすることを迫られた。

この時点で、公明党は、その根本的な存在意義を失ったとも言える。それでも公明党にはもう一つ、政治活動を通して学会員の生活向上に貢献するという目的があった。公明党は、それを「大衆福祉」というスローガンを使って表現した。貧しい階層に基盤をおく創価学会の会員には、福祉の対象となる人間が少なくなかったのである。

創価学会が高度経済成長の時代に爆発的に会員数を伸ばしたのは、産業構造の転換にともなう都市への大規模な人口集中が進むなかで、地方からでてきたばかりの人間たちを大量に吸収したからである。だからこそ、現世利益の実現というメッセージが強くアピールした。

だが、そうした時代はいまや過去のものになった。日本全体が豊かになることで、創価学会の会員たちも下層から中流へと社会的な地位を上げてきたからである。かつての創価学会は、まさに「貧乏人の宗教」であった。けれども、現在は違う。もちろん、貧しさから脱却できない会員もいるのだが、豊かな会員も増え、組織内部の多様化が進んでいる。

こうした事態は、大衆福祉という錦の御旗の有効性を失わせつつある。豊かになった学会員にとって、公明党が議会のなかで一定の議席を占め、たとえ政権に参加していても、それは実際的な利益をもたらさなくなった。

逆に、収入が増加し、福祉の対象から外れた時点で、福祉の拡充は役立たなくなり、アピールしなくなった。つまり、現世利益の実現という学会員にとっての最大の目標が達成されたことが、公明党が退潮する一つの要因ともなった。豊かになった創価学会の会員たちは、選挙活動に意義を見出せなくなったのだ。

最近では、社会の格差が拡大し、貧困層が増加しているが、その境遇から脱する道は見えていない。彼らに現世利益の実現を説いても、布教上の効果は期待できない。経済的な豊かさをもっぱら追求する創価学会の従来の路線では、現代社会で起きているさまざまな問題を解決することは難しくなった。毎日勤行にはげみ、折伏で仲間を増やし、現世利益の実現をひたすら追い求めていくというかつての創価学会のあり方は、すでに時代遅れのものになってしまったのだ。

賞味期限の切れた組織

私は、二〇〇六年に刊行した『創価学会の実力』のなかで、創価学会が一時期、つまりは高度経済成長の時代に、あまりに時代に合致したがゆえに、あるいは合致しすぎたがゆえに、状況の大きく変化した現在においては、「賞味期限切れ」を起こしていることを指摘した。

池田大作が、戸田城聖の後を受けて創価学会の会長に就任したのは一九六〇年五月三日のことだった。池田はその時点で、まだ三十二歳の若さである。数々の修羅場をくぐってきた若きリーダーを頂点に戴く創価学会は、まさに破竹の勢いを示していた。だが、その池田が亡くなった後、後継者は生まれていないし、後継者が生まれない仕組みができあがってしまった。「先生」と呼ばれるのは池田で最後だからである。

ポスト池田という事態が、創価学会の発展期に起こっていたなら、それによって組織が揺らぐことはなかったであろう。活発に活動している組織であるなら、人材も豊富で、巨大教団を率いていくだけのカリスマ的な力をもつ人間が、必ずや台頭してきたはずだ。

しかし、賞味期限切れの組織は、活力を失っていて、そのなかから清新な人材が出現することは期待できない。その点で、ポスト池田の創価学会が、活力ある組織であり続けることは相当に難しくなっている。

だからといって、この巨大組織が分裂するとも考えにくい。分裂を起こすには相当のエネルギーがいる。そのエネルギーが、賞味期限切れの組織にはやはり欠けている。さらに学会の会員たちは、深い人間関係で結ばれており、熱心な活動家であればあるほど、学会員以外の人間関係をもっていない。二〇〇八年に刊行した『民族化する創価学会』でも、昨今の創価学会が共通の信仰を核にした民族集団に近いものに変質したことを指摘したが、家族や親戚が皆、創価学会の会員であれば、脱会も難しい。

一部には、ポスト池田の時代に、創価学会の組織の分裂や瓦解が起こることを期待する人々がいる。だが、民族集団に匹敵する結束力をもつ集団ができあがってしまった以上、そうした期待がかなえられるとは思えない。

今後の創価学会の問題は、いかに組織としての結束力を強め、その活力を維持するかである。

組織の結束を固める方法として、長く創価学会が活用してきたのが、外に敵を作るというやり方である。創価学会では、これまで常に「仏敵」と呼ぶ批判の対象を作り、仏敵を打破するための闘争を仕掛けることで活力を生み出してきた。

ところが、最近では、その仏敵を見出すのが難しくなった。日蓮正宗が依然として最大の敵ではあるが、若い会員はそもそも日蓮正宗のことを知らないわけで、日蓮正宗批判にリアリティーを感じていない。週刊誌などのメディアも、創価学会に批判的な記事をあまり掲載しなくなった。記事にすべきようなスキャンダルも起こらないし、何より読者の関心が薄れているからである。

創価学会の側も、仏敵についてほとんど批判しなくなった。以前の「聖教新聞」では、仏敵を罵倒するコラムや座談会が頻繁に掲載されていたが、しだいにその数が減り、現在ではそうしたものはまったく載せられていない。「聖教新聞」は、会員たちの日常の活動や信心によるご利益について伝えるだけの、ある意味、面白みのないメディアに変貌してしまった。

唯一、現在において組織を結束させる手立てとなっているのが、公明党の候補者、あるいは連立を組んでいる自民党の候補者を当選させる選挙活動である。

しかし、以前に比較すれば、学会員の選挙に賭ける情熱は薄れている。会員でない知り合いにアプローチすることは続けていても、それほど熱心ではなくなった。毎回、同じ人間のところに投票を依頼しに行くだけで、それは一種の儀式となり、積極的に支持者を拡大しようとはしなくなった。

選挙活動もまた相当に形骸化しているとも言える。いまや、公明党に投票しない創価学会員も珍しくはなくなってきた。

退潮する組織をどうするか

組織の規律という面でも、池田がいなくなったことの影響は大きい。

池田は、組織の最高幹部として五十年以上君臨してきたが、会員に対するその役割は、会員たちを絶えず鼓舞し、激励することにあった。直接各地に出向いたときには、徹底してその地域の会員の功績をたたえ、活動に邁進《まいしん》するよう励ました。本部幹部会でのスピーチも、つねに会員を褒め上げ、激励することからはじまった。

会長以下の幹部も、同様の行動をとってはいるものの、池田ほど会員には強くアピールしない。というのも、池田にはある種の威厳が備わっており、会員はそのことを熟知していたからである。

本部幹部会で、池田は、その場につらなった幹部たちを名指しで批判した。たとえ会長に対してであっても容赦がない。むしろ会長は怒られ役で、長く会長の座にあった秋谷栄之助などは、それを自分のもっとも重要な役割としていたところがあった。

ある若い幹部が女性問題を起こしたとき、池田は激怒したと伝えられる。その幹部は将来を嘱望され、池田の愛弟子とも言える存在だったが、即座に降格されてしまった。私が一九九四年に本部幹部会の中継を見たときにも、池田は真顔で、創価学会には人材が一人もいないと言い放っていた。それはとくに幹部にむけられた批判だった。

こうした厳格さがあったからこそ、会員たちは池田に激励されることに強い感銘を受けたのである。すでに、そうした面は晩年には見られなくなっていたものの、古くからの会員には往時の鮮烈な記憶があり、池田の存在は、創価学会の規律を保つ上で決定的な役割を果たしてきた。その池田がいなくなったことは、巨大組織を最終的に束ねる人間が失われたことを意味する。

ポスト池田の時代において、創価学会の組織が分裂したり、瓦解したりするとは考えられないものの、何より大きな問題は、最終的な判断や決定を下す人物がいなくなったことである。『人間革命』の第二版への改訂は、池田に了承を得て行われた。会則の改訂なども同様である。

ところが、池田がいなくなったことで、その権限を持つ人間がまったくいなくなった。創価学会が組織として退潮しているなかでは、体制を立て直し、新たな試みに打って出る必要もあるが、重要な改革に踏み出す決断を下せる人間がいなくなってしまったのだ。そのことによって、今後、組織の大胆な改革はできず、退潮に歯止めがかからない可能性がある。後継者争いが封じられていることは、組織維持には貢献するが、組織に活力を与える機会を奪ってしまっているとも言える。

これまで創価学会の活動を中心的に担ってきたのは、一九五〇年代のなかばから七〇年代はじめにかけて入信した会員たちである。彼らは池田と同世代、あるいは少し下の世代で、ほとんどが七十五歳以上の後期高齢者になっている。それは、年々、活動力が衰えていることを意味する。

四年に一度行われる地方選挙の結果を見てみると、県議会議員や主な市議会議員の選挙で、そのたびごとに公明党の候補者の得票数は一割から二割減少している。最近では、候補者を全員当選させる「完勝」が難しくなり、落選者も出るようになった。国政選挙での公明党の得票数もかなりの勢いで減少し、反転の可能性はなくなっている。今後、公明党の当選者が増える可能性はほとんど考えられない。

言論出版妨害事件を起こし、創価学会と公明党の政教分離を池田が宣言したときには、公明党は創価学会だけを支持基盤とするのではなく、大衆政党への脱皮が必要であると言われた。実際、その方向も模索されたが、結局は、学会票をあてにするしかなかった。となれば、創価学会の退潮は、公明党の退潮に直結せざるを得ない。

そうなると、一九九九年以来連立を組んできた自民党にも深刻な影響が出る可能性が高い。そもそも、当時、自由党と連立を組んでいた自民党が、公明党もそこに引き入れたのは、自民党の支持基盤となってきた各種の圧力団体、農協や日本医師会、日本遺族会などが力を失ってきたからである。連立を組んだ当初、そうしなければ、自民党の候補者は相当数落選するのではないかと予測された。だからこそ、自民党は公明党をパートナーとせざるを得なかったのだ。

二十五年近くにわたって、連立が続くことで、自民党はすっかり創価学会票に依存するようになった。まとめて票を稼ぎ出してくれる団体はほかにないからである。公明党の側も同様で、衆議院の小選挙区で議席を得るには、自民党との連立が不可欠である。

しかし、創価学会票があてにならなくなれば、自民党と公明党は政権の座を失う可能性がある。そうなったとき、どういう事態が起こるかは未知数だが、強力な野党が存在しない状況では、政界は混乱するであろう。それに池田の死は拍車をかけることになるのかもしれないのである。

序　章　日本を左右する宗教

公明党は宗教政党か

創価学会という一宗教団体が、いつの間にか、日本という国家を左右する事態に至っている。

二〇〇三（平成十五）年十一月の総選挙において、創価学会を母体として成立した公明党は三十四議席を獲得し、議席を増やした。自民、民主の二大政党に有利な選挙制度から考えれば、公明党が議席を増やしたこと自体、注目に値する大健闘であった。

そして、連立与党の一角をなしていた保守新党が大幅に議席を失い、解党して、自民党に吸収合併された結果、公明党は、連立与党において自民党の唯一のパートナーとなってしまった。

しかも、公明党の選挙協力がなければ当選がおぼつかなかった自民党議員がかなりの数にのぼった。公明党との選挙協力があったからこそ、自民党は単独過半数を確保できたのであり、もし公明党の協力がなければ、政権の座にとどまることすらできなかったかもしれない。

この総選挙を通して、政権与党内における公明党の発言力は格段に強まった。公明党の衆議院議員の数は自民党の七分の一にすぎないが、公明党は政局のキャスティングボートを握ることとなり、自民党も公明党の意向を無視できなくなった。まして、自民党のなかに、公明党を批判する議員はいなくなった。公明党との連立をこころよく思わない議員がいたとしても、そうした思いを表沙汰にはできなくなったのである。

公明党の背後には、創価学会という宗教団体が控えている。公明党と創価学会とは、形式上は別の組織であり、必ずしも一体とは言えない面がある。だが、公明党の発言力が増したということは、創価学会という一宗教団体が、国政を左右する力を得たことを意味する。それは、今までにない事態であり、憲法が規定する政教分離の原則に抵触する可能性も出てきている。

現在の公明党の綱領は、一九九四年に決定され、一九九八年に一部改正されたもので、そのなかでは、次の七つの項目を実現するとうたわれている。

一、〈生命・生活・生存〉の人間主義
二、生活者重視の文化・福祉国家
三、人間と自然の調和
四、人類益をめざす地球民族主義へ
五、世界に貢献する日本
六、草の根民主主義の開花と地方主権の確立
七、民衆への献身とオピニオン・リーダー

この綱領には、宗教色はいっさい見られない。綱領の内容を解説した文章を読んでも、創価学会の会員が信奉する日蓮仏法への言及はまったくなされていない。仏教についての言及もなく、そもそも宗教的な用語は一切使われていない。一の項目を解説した文章に出てくる「中道主義」の中道は極端な苦行や快楽主義を否定する仏教の用語だが、中道主義は人間主義と等しいものとされるだけで、仏教とのかかわりについては、まった

く言及されていない。

この点では、公明党が創価学会を母体としているとは言っても、公明党を「宗教政党」としてとらえることは難しい。党の規約でも、党員の資格として宗教上の信仰の有無はまったく問われていない。十八歳以上で党の綱領や規約を守る者ならば、国籍を問わず、二名以上の党員の紹介で、誰もが公明党の党員になることができるとされている。

結党当時の政治目的

しかし、結党当時の公明党は、今とは大きく異なり宗教政党としての性格を前面に打ち出していた。一九六四（昭和三十九）年に公明政治連盟を改組して誕生した公明党の綱領では、次の項目の実現がうたわれていた。

一、王仏冥合と地球民族主義による世界の恒久平和
二、人間性社会主義による大衆福祉の実現
三、仏法民主主義による大衆政党の建設
四、議会制民主政治の確立

福祉の実現や民主主義の確立という部分は現在の綱領と共通するが、決定的な違いは、結党当初の綱領では、「王仏冥合」や「仏法民主主義」といった仏教的、宗教的なスローガンが鮮明に打ち出されていた点にある。

王仏冥合とは、政治と宗教の一体化をめざそうとするもので、当時の池田大作会長(現・名誉会長)による結党宣言でも、日蓮の「立正安国論」が引用され、「公明党は、王仏冥合・仏法民主主義を基本理念として、日本の政界を根本的に浄化し、(中略)大衆福祉の実現をはかるものである」と、王仏冥合と仏法民主主義の重要性が明確に説かれていた。

綱領を解説した部分でも、「待望の指導理念こそ、生命哲学の真髄、王仏冥合の大理念であると堅く信ずる。わが公明党は、王仏冥合の大理念を高く掲げて、地球民族主義にのっとり、人類の危機を救い、世界に恒久平和の礎を築くことを誓うものである」と、公明党の政治活動の目的が宗教的なものであることが明記されていた。

このように、結党当初の公明党は、宗教政党としての性格を明確に打ち出していた。公明党の政治活動の目的は、王仏冥合という宗教的なもので、それは、「国立戒壇」の建立ということと深く結びついていた。詳しくは後述するが、国立戒壇の建立とは、創価学会がその創立以来信奉してきた日蓮宗の一派、日蓮正宗の国教化を意味した。国会で多数派となり、議決によって、国立戒壇の建立をはかろうとしていたのである。

ところが、創価学会＝公明党は、一九七〇年に言論出版妨害事件を起こし、その結果、世間の強い非難を浴び、路線の転換を余儀なくされた。政教分離の方向性を明確にせざるを得ず、公明党の綱領からは、王仏冥合や仏法民主主義といった宗教的な用語は削られることとなった。また、国立戒壇の建立を、公明党の政治活動の目的として打ち出すこともできなくなった。そして、一九九〇年代に入ると、創価学会と日蓮正宗との関係は悪化し、両者は現在も絶縁状態にある。その点でも、創価学会＝公明党が、国立戒壇の建立を目的として活動することはなくなったのである。

しかし、公明党が連立与党のなかにあって、政局のキャスティングボートを握る事態が生まれてみると、結党当時のことを思い起こさざるを得なくなってくる。いったい創価学会＝公明党は、日本の社会をどういった方向へむかわせようとしているのであろうか。一般の日本国民は、その動向を無視するわけにはいかなくなってきたのである。

実質のある巨大組織

創価学会は、日本の社会のなかで、もっともアクティブな巨大組織である。

日本のなかには、いくつか巨大組織が存在している。そのなかで二千万人程度の組合員を抱えているのが、生活協同組合（生協）である。ただし、生協の組織の結束力はそれほど強くはなく、組合員も生協の組織にアイデンティティーの基盤をおいてはいない。生協は、規模は大きくても、組織としてのまとまりをもってはいない。

日本で最大の組合運動のナショナルセンターである連合（日本労働組合総連合会）の組合員数は、七百三十万人を超えている。しかし労働運動の退潮が続くなかで、連合の組織としての力は必ずしも強いものではない。連合は、その母体となった総評（日本労働組合総評議会）や同盟（全日本労働総同盟）よりも組合員数は多いものの、結束力は確実に衰えている。連合の組合員は、必ずしもアクティブに活動しているわけではない。

ほかに、五百万人を超える巨大組織は、宗教団体に限られる。

最も多いのが、神社本庁の九千六百五十四万人である（二〇〇一年十二月三十一日現在。以下同じ。いずれも公称)。このなかには、神社のある地域の住人が、ほとんど氏子として含まれている。読者の大半も、無自覚なうちに、この九千六百五十四万人という数字のなかに含まれている。神社本庁は、生協以上に見かけだけの巨大組織であり、実質は伴っていないのである。

既成仏教教団のなかでは、真言宗(高野山真言宗)、浄土宗、それに東西の浄土真宗が五百万人を超える信者を抱えている。一方、新宗教教団のなかでは、創価学会のほかに立正佼成会だけが五百万人を超えている。それぞれの信者数は、真言宗が五百四十九万人、浄土宗が六百二万人、浄土真宗本願寺派(西本願寺)が六百九十四万人、真宗大谷派(東本願寺)が五百五十三万人、立正佼成会が五百六十一万人である。

これに対して創価学会は、信者の数を個人単位で計算しておらず、世帯数で数えている。その点で、他の団体と単純に比較することはできないが、二〇〇三年末で、創価学会員の世帯数は八百二十一万世帯とされている。ちなみに日本の総世帯数は四千六百七十八万世帯(二〇〇〇年)だから、五・七世帯に一世帯は創価学会員の世帯だということになる。

現在の創価学会は、すでにふれたように、その創立以来密接な関係をもってきた日蓮系の既成教団、日蓮正宗と衝突し、絶縁状態にあるわけだが、まだ親密な関係を保っていた時代には、日蓮正宗の信者数のなかに創価学会員も含まれていた。

一九八九年末で、日蓮正宗の信者の数は一千七百八十四万人にも及んでいた。それが、二〇〇一年末では、三十六万人となっている。ということは、創価学会の会員数は、一千七百八十四万人から三十六万人を引いた一千七百四十八万人であったことになる。日本の総人口が一億二千六百九十三万人だから、およそ七人に一人は創価学会員である可能性がある。宗教団体のなかで、創価学会員の数は飛びぬけて多いのである。

熱心な会員たち

創価学会は、たんに巨大宗教組織であるというだけではなく、熱心な会員を数多く抱えている点で、他の宗教団体とは一線を画している。立正佼成会の場合には創価学会に近い部分があるが、既成神道や既成仏教の信者はそれぞれが属している教団に必ずしも強い一体感をもってはいない。しょせん神社の氏子や寺の檀家に過ぎないわけで、普段の生活のなかで、自分たちが巨大宗教組織に属していると意識することさえないだろう。それに比べて、創価学会員は、自分たちの組織に強い一体感をもち、組織を自らのアイデンティティーの基盤とさえ考えている。だからこそ、「折伏」と呼ばれる布教活動や選挙運動に熱心なのである。

これまで、折伏の対象となったことがあるという人も少なくないはずだ。友人や知人、地域の知り合いなどから、近くにある創価学会の会館で開かれる「座談会」に出席するよう誘われたり、映画会やビデオの上映会を見に来ないかと誘われて行ってみると、池田大作名誉会長の活動を紹介する映画やビデオを見せられたりしたことがあるだろう。

あるいは、選挙が近づいた頃、それほど親しくしているわけではない学校の同窓生や仕事上の付き合いのある人間から電話がかかってくることがある。なぜ電話がかかってきたのだろうかといぶかしく思っていると、それが公明党の候補者への投票の依頼だったりするのである。

創価学会にかんしては、池田大作というカリスマ的な独裁者、権力者によって支配されているというイメージがある。果たして、そのイメージが事実を正確にとらえたもののかどうかについては検討を加える必要があるが、マスメディアが伝える池田大作像は、必ずしも芳しいものではない。

現在の創価学会の会長は秋谷栄之助で、池田は名誉会長の職に退いた形になっている。だが、池田が創価学会の顔であり、宗教的な指導者であることに変わりはない。実際、学会員たちは、池田を熱心に信奉し、崇拝している。各地に建てられた創価学会の会館には、池田の名前を冠したものが少なくない。そうした会館に池田がやってくれば、学会員たちは、何を措《お》いても会館に駆けつけ、熱狂して池田を迎えるのである。

創価学会では、「世界青年平和文化祭」という大規模な祭典を営んできた。若い学会員たちが行うマスゲームや人文字は、観客の目を驚かせる壮大なものである。その規模の大きさや整然とした雰囲気は、北朝鮮のマスゲームや人文字を思わせる。少なくとも、これだけの規模のマスゲームや人文字を作れるのは、北朝鮮の国民と創価学会員だけである。組織に対して忠実で従順な民衆と独裁的な権力者という構図も、北朝鮮を彷彿《ほうふつ》とさせる。

創価学会が、たんに構成員の数の多い巨大組織であるだけなら、その動向に注目する必要はない。しかし、創価学会は、現在でも信仰を共有する人々によって営まれる生きた組織であり、多くの会員たちはアクティブに活動を展開している。公明党が政局のキャスティングボートを握ったのも、そうした活動の賜物《たまもの》なのである。

学会研究の難しさ

創価学会については、これまで数多くの書物が刊行されている。その動向が、週刊誌などで取り上げられることも少なくない。しかし、その多くは、創価学会のスキャンダルを暴こうとするもので、客観的な立場から創価学会についての情報を提供するものにはなっていない。とくに、創価学会＝公明党が言論出版妨害事件を起こした一九七〇年以降、その傾向は強くなった。読者が、創価学会とは何かを知ろうとしても、中立的な立場から書かれた書物は手近に存在しないのである。

創価学会についての書物が刊行されるようになるのは、二代会長の戸田城聖のもとで、強力な折伏を推し進め、その勢力を飛躍的に拡大させた一九五〇年代の中ごろからのことである。その時代には、日蓮宗や創価学会と同じく民衆を基盤としてきた浄土真宗などが、創価学会を批判する書物を刊行した。また一九六〇年代に公明政治連盟、さらには公明党が組織され、政界への進出が図られるようになると、社会党や共産党といった左翼陣営も、創価学会を批判する書物を刊行するようになっていく。どちらも民衆をターゲットとしており、支持者の拡大をはかる上で衝突せざるを得なかったからである。

この時代の宗教団体による創価学会批判の書物は、創価学会の信奉する日蓮正宗の教義を踏まえた上で、それを批判するもので、必ずしもスキャンダリズムには陥っていなかった。左翼陣営による批判的な書物の場合にも、創価学会が民衆を懐柔し、結局は保守反動勢力に利する危険性を指摘してはいるものの、民衆を信者として急激に取り込んでいく創価学会の運動から運動論を学ぼうとする姿勢を見せていた。

この時代には学者による創価学会研究も行われていた。主なものをあげれば、高木宏夫『日本の新興宗教』、佐木秋夫・小口偉一『創価学会』、鶴見俊輔ほか『折伏』、笠原一男『転換期の宗教』、村上重良『創価学会＝公明党』、鈴木広『都市的世界』などである。

佐木や村上は共産党系の学者で、創価学会に対しては批判的な見解を含んでいるが、創価学会の歴史や現状について記した部分については、客観的な記述になっている。鈴木の書物は、調査にもとづく、創価学会の社会学的分析で、きわめて貴重な研究である。

また、梅原猛は、「創価学会の哲学的宗教的批判」(『美と宗教の発見(梅原猛著作集三)』所収)という、創価学会の宗教思想を哲学の立場から批判的に論じた興味深い論文を発表している。

ところが、一九七〇年代に入ると、学者による創価学会研究は、ほとんど行われなくなっていく。そこには、言論出版妨害事件の余波があったし、創価学会について論じることが政治問題化していく危険性が出てきたことが影響していた。

創価学会があまりに巨大な教団に成長したことも、研究を妨げる大きな要因となった。もし創価学会の全体像をとらえようとするなら、相当に大規模な調査を必要とする。それは、現実には不可能なことである。

排他性と客観的分析

しかし、それ以上に創価学会研究を妨げてきたのは、創価学会自体の外部に対する姿勢であった。たとえば、一九六三年から六四年にかけて日本に滞在し、日本の新宗教の現状について調査したH・N・マックファーランドというアメリカの学者がいる。彼は、その調査を『神々のラッシュアワー』という本にまとめている。

マックファーランドが取り上げている新宗教は、金光教からはじまって、PL教団、生長の家、立正佼成会、それに創価学会だが、唯一、創価学会についてだけは、その組織を研究することの難しさについてわざわざふれている。

「創価学会を研究する時、公平な態度でのぞむことは非常に困難である。というのは、調査しているさいちゅうに、見たり、聞いたり、読んだりするもの、とりわけ、創価学会の多くの信者の厚かましさや無作法によって、何度も何度も気分を害されるからである」

この記述からは、マックファーランドが、創価学会を調査しているときに相当に不快な思いをしたことが読み取れる。彼は、そうした印象を受けた原因について、「どうも彼らにはPRの才がないらしい。訪問客をもてなす時でさえ、彼らは信じ切った態度を露骨に示し、そのため、客を軽蔑しているように見えてしまう」と分析している。

マックファーランドが創価学会を訪れた一九六〇年代前半は、池田大作が三代会長に就任し、公明政治連盟が結成されたばかりで、創価学会の飛躍的な伸びが続いていた時代であった。それだけ、学会員たちは自信にあふれた行動をとっていたものと推測されるが、マックファーランドは、創価学会以外の教団については、不快な思いをしたとは述べていない。彼は、創価学会と他の教団との落差に相当に驚いたのであろう。それは、マックファーランドに限らず、創価学会を研究しようとする学者が直面しなければならない一つの壁でもある。創価学会の排他的な性格が、研究を妨げている面がある。

そうしたこともあって、創価学会とは何かを教えてくれる、客観的な立場から書かれた書物を見つけることは難しい。別冊宝島『となりの創価学会』、アエラ編集部『創価学会解剖』などは、七〇年代以降では珍しく客観的な立場から創価学会をあつかったものだが、佐高信・テリー伊藤『お笑い創価学会』(光文社・知恵の森文庫)などは、創価学会をもっぱら批判することを目的とした類書とほとんど変わらない本になっている。今や日本の政治、さらには日本の社会を左右するまでにいたった創価学会という宗教団体について知ろうとしても、案外それは難しい状況にある。

本書は、そうした現状を踏まえ、創価学会とは何かを明らかにすることを目的としている。創価学会や池田大作のスキャンダルを暴くことを目的としたものではないことはもちろん、創価学会批判を意図したものでもない。逆に、創価学会を擁護することを目的としたものでもないし、その信仰を称揚しようとするものでもない。あくまで客観的な資料にもとづいて、創価学会の歴史を追い、それがいかなる性格をもつ組織であるのかを明らかにしようとするものである。

ただし、客観的であることを意図した記述が、創価学会の組織にとって必ずしも都合のいいものにはならない可能性はある。

創価学会は、今でもアクティブに活動している生きた組織であり、その存在は、創価学会員以外の国民全体に影響をおよぼす可能性をもっている。その点で、創価学会のあり方について、一般国民の立場から批判を展開しなければならない場合も出てくるであろう。創価学会とは何かを述べるということは、その問題点を指摘することにも通じていくのである。

第一章　なぜ創価学会は生まれたのか

創価学会の誕生——初代・牧口常三郎

序章においては、創価学会が、日本の社会のなかでもほかに類を見ない巨大組織であり、宗教団体のなかでも、とくに規模が大きく、メンバーがアクティブに活動を展開している点を指摘した。

では、いったいなぜ創価学会のような巨大教団が生み出されることになったのだろうか。本章では、その謎を解明していきたいと考えている。

創価学会が誕生したのは、戦前の一九三〇（昭和五）年のことだった。当時は、創価学会ではなく、「創価教育学会」という名称が使われていた。創価学会にしても、創価教育学会にしても、宗教団体の名称らしくはない。どちらかと言えば、教育団体、学術団体の名称にふさわしい。

事実、創立当初の創価教育学会は、宗教団体である以前に教育団体であった。創価教育学会会則要項の第二条では、「本会は創価教育学体系を中心に教育学の研究と優良なる教育者の養成とをなし、国家教育の改善を計るを以《もっ》て目的とす」と記されていた。また、その第四条では、この目的を果たすための事業についても言及されているが、その内容は、教育研究所の設置、研究会や講演会の開催、図書・雑誌の刊行などで、宗教的な活動についてはまったく言及されていなかった。

創価教育学会が最初教育団体として組織されたのは、その創立者である牧口常三郎が、小学校の校長などをつとめた教育者だったからである（以下、牧口の生涯については、宮田幸一『牧口常三郎の宗教運動』、創価学会編『創価学会四十年史』、上藤和之・大野靖之編『革命の大河――創価学会四十五年史』、西野辰吉『戸田城聖伝』、佐伯雄太郎『戸田城聖とその時代』、松野純孝編『新宗教辞典』などによる）。

牧口は、一八七一（明治四）年、新潟県刈羽郡荒浜村（現在の柏崎市荒浜）に渡辺長松、イネ夫婦の長男として生まれた。幼名を長七と言ったが、六歳のときに伯母の嫁ぎ先である牧口善太夫の養子となり、牧口姓を名乗ることになった。

牧口は、一八八九年に北海道尋常師範学校（現在の北海道教育大学）に入学し、卒業後の一八九三年、付属小学校の正規の教員である訓導に採用された。この年に、長七を常三郎に改めている。付属小学校の教壇に立つとともに、中等学校地理科の教員免許を取得し、師範学校の助教諭に任命され、教諭にも昇格した。

彼は、師範学校の学生であったときから、地理学に関心を寄せていたが、彼の理想とする地理学は、たんに地表に分布している自然現象を解明することにとどまるものではなく、自然現象と人間の生活とを結びつけて考えようとする試みであった。その点で、元来宗教的なものと結びつきやすい性格をもっていた。

そして小学校のカリキュラムの中心に、地理について学ぶ「郷土科」を設置することを提唱し、自らの考えを、『人生地理学』という本にまとめた。彼は、原稿用紙千枚におよぶこの大著を出版して（元は二千枚だったが、校閲した志賀重昂が半分に圧縮して出版したという〔『牧口常三郎全集』第一巻月報〕）、地理学者として世に出ることをめざし、一九〇一年に師範学校の教諭を辞職して、家族をともなって上京した。

東京では、雑誌や地理の教科書の編集に携わり、一九〇三年には、『人生地理学』の刊行にこぎつける。この著作は、新渡戸稲造の目にとまり、新渡戸が柳田國男らとともに結成した「郷土会」に誘われるきっかけにもなった。しかし、アカデミックな世界には受け入れられず、牧口は教員生活に逆戻りしている。一九一三（大正二）年には、東京市東盛尋常小学校校長に就任した。以降、大正、西町、三笠、白金、新堀の各尋常小学校の校長を歴任している。

一方で、郷土会でも活動し、柳田國男が山梨県南都留郡道志村で行った民俗調査に参加したり、一九一一年には、農商務省の委嘱で、九州の豊後・津江村と肥後・小国村の調査も行っている。校長に就任する直前の一九一二年には、二冊目の著作『教授の統合中心としての郷土科研究』を刊行している。

日蓮正宗との出会い

牧口は、一九二八（昭和三）年、五十七歳のときに、研心学園（現在の目白学園）の校長で、日蓮正宗の末寺、池袋・常在寺の大石講の幹部であった三谷素啓という人物と出会い、そこから日蓮正宗の信仰をもつようになる。三谷は、在家の立場から日蓮仏教を普及するために、友人であった藤本秀之助とともに日蓮に関係する歴史書の刊行を企てていた。三谷には、日蓮の「立正安国論」について解説した『立正安国論精釈』(興門資料刊行会により二〇〇三年に復刻された)という著作がある。

牧口がなぜ日蓮正宗の信仰をもつに至ったのか、本人は入信の動機について語っていない。だが、郷土会で付き合いのあった柳田國男は、一九五八年に神戸新聞に連載された「故郷七十年」という自伝的な聞き書きのなかで、牧口が宗教の世界に関心をもった理由について分析している。

柳田は、家庭の不幸に原因を求め、「牧口君は家庭の不幸な人で、たくさんの子供が患ったり死んだりした。細君も良い人だったが、夫婦で悩んでいた。貧苦と病苦とこの二つが原因となって信仰に入ったのかと思う。以前は決して宗教人ではなかった」と述べている。

柳田と付き合いのあった時代に、牧口は定職についておらず、経済的に苦しい状況にあった。そして、日蓮正宗に入信する前の一九二四年には次男を失い、入信後の一九二九年には四男を、翌年には長男を失っている。いずれも結核であったと推測される。たしかに柳田の言うように、貧苦と病苦にあえいでいたのである。

しかし、牧口の場合、宗教として元々親しんでいたのは、日蓮正宗ではなかったし、仏教でもなかった。北海道尋常師範学校は札幌にあったが、札幌には、内村鑑三や新渡戸稲造といったキリスト者を生んだ札幌農学校があり、キリスト教プロテスタントの伝道の拠点であった。牧口自身、「苦学力行の青年期に敬愛し親近した師友は、大概基督《キリスト》教徒であった」（『創価教育学体系梗概』）と述べている。

キリスト教に親しんでいたはずの牧口が、貧苦や病苦に瀕した際に日蓮正宗の信仰に救いを求めたのは、その時代に、日蓮宗の元僧侶で、「国柱会」という国家主義の宗教団体を組織して一世を風靡した田中智学《ちがく》を中心とした「日蓮主義」が流行していたからであろう。国柱会の会員には、陸軍中将で満州事変の首謀者となる石原莞爾《かんじ》、評論家の高山樗牛《ちょぎゅう》、さらには宮沢賢治がいた。

牧口も、一九一六年頃、鶯谷の国柱会館で催された田中の講演会に何度か足を運んでいる。ただし、田中の主張に全面的には賛同できず、国柱会の会員になることはなかった。彼が田中からどのような影響を受けたかは必ずしも明確でないが、後に述べるように、むしろ田中の思想を受け継いだのは、戦後に創価学会を再興する戸田城聖であった。

しかし、牧口が日蓮正宗の信仰をもったことは、その後の創価学会の歩みに多大な影響を与えていくことになる。とくに、序章でふれた創価学会の排他的な性格については、そこに日蓮正宗の教義がかかわっていた。

日蓮正宗は、日蓮の直弟子である「六老僧」の一人であった日興《にっこう》に発する日蓮宗の一派である。日蓮宗においては、日蓮が最重要視した法華経を前半の「迹門《しゃくもん》」と後半の「本門」の二つの部分にわけ、前半と後半を融合したものととらえる「一致派」と、迹門と本門に勝劣をつけとくに後半の本門の方を重視する「勝劣派」という、二つの流れが存在する。一般の日蓮宗は一致派に属するが、日蓮正宗は勝劣派に属し、特異な教義を発展させていった。

日蓮正宗の教義の特徴は、「日蓮本仏論」「板曼荼羅本尊」「血脈相承」の三点にまとめられる。日蓮本仏論とは、末法の世では、日蓮こそが衆生を救済する本仏であるとする考え方である。板曼荼羅本尊とは、日蓮正宗の大本山である大石寺の第九代法主、日《にち》有《う》が示した楠の板に彫られた南無妙法蓮華経の曼荼羅を本尊とすることをさす。

とくに日蓮正宗の排他性に結びついたのが血脈相承の考え方である。それによれば、日蓮の教えは、日蓮正宗の法主にのみ受け継がれているとされる。この血脈相承の考え方は、日蓮正宗の信者に正統派意識を生むことになった。この点は、後の創価学会の性格を根本的に規定することとなった。正統派意識が強いからこそ、他の信仰を認めようとはせず、排他的な性格を帯びていくことになるのである。

牧口は、日蓮正宗の信仰をもってから間もない一九三〇年には、彼の主著となる『創価教育学体系』全四巻のうち第一巻を刊行し、あわせて創価教育学会を発足させた。『創価教育学体系』第一巻には、柳田國男や新渡戸稲造、それに社会学者の田辺寿利《すけとし》が序文を寄せ、創価教育学支援会のメンバーであった政友会総裁、犬養毅が題字を揮毫《きごう》している。

現世利益の思想

一般に、新しい宗教の原点となるのは、教祖の神憑《かみがか》りや宗教体験である。教祖は、霊的、神秘的な能力を発揮し、病気治しをすることで信者を増やしていく。創価学会と同じく、日蓮系、法華系の教団である立正佼成会の場合にも、創立者の一人である長沼妙佼《みょうこう》の神憑りによる病気治しを核として出発した。立正佼成会の創立者がその信者であった霊友会の場合にも、創立者の一人、小谷喜美はエクスタシーの状態で死者の声を聞く霊能者であった。

ところが、創価学会の場合、発足当初から、そうした面はほとんどみられない。牧口に神憑りの体験がないのはもちろん、明確な宗教体験もなかった。創価教育学会の活動内容にも、初期には病気治しなどの側面は見られなかった。

ただし、創価教育学会はやがて宗教的な活動を強く打ち出すようになっていく。牧口は機関誌のなかで、「所詮宗教革命によって心の根底から建て直さなければ、一切人事の混乱は永久に治すべからず」と述べるようになる。

彼は、三谷素啓とはすぐに袂《たもと》をわかっており、創価教育学会発足直後の一九三一年からは、日蓮正宗の僧侶であった堀米泰栄から直接日蓮正宗の教義を学ぶようになる。一九三六年には、日蓮正宗の法主であった堀日亨《にちこう》を招いて「富士宗学要集講習会」を開いた。さらに大石寺でも講習会を開くようになる。

牧口は、日蓮正宗の教義を学ぶとともに、独自の宗教思想として「価値論」と「法罰論」とを展開した。

価値論については、一九三一年に刊行された『創価教育学体系』第二巻で論じられている。牧口は、教育の目的は児童の幸福にあるとし、幸福を価値の獲得としてとらえた。西欧の哲学の伝統においては、一般に普遍的な価値を真善美（それに聖が加えられることもある）としてとらえるが、彼はそれを踏まえ、価値を美利善の三つに分類し直した。つまり、真（真理）の代わりに、利（利益）が強調されたのであって、その思想は現実主義的なものであった。この点は、戸田城聖が戦後に、現世利益の実現を強調したところに結びついていく。

一方、法罰論については、一九三七年に刊行された『創価教育法の科学的超宗教的実験証明』という、かなり際どいタイトルがつけられた本のなかで展開されている。牧口は、自らの信奉する日蓮仏法には、利的価値、つまりは功徳を生じさせる力が備わっていることを強調した上で、日蓮仏法を包含して新たに登場する超宗教には、「制裁的威力」が備わっていなければならないと説いている。つまり、悪人を罰するくらいの力をもっていない神には、善を保護する力などなく、罰するだけの力があるかどうかを、宗教の価値の基準として用いるべきだというのである。

要するに、価値のある宗教は、それを信仰する者に利益をもたらし、逆に、その信仰に逆らう者には罰を下すものでなければならないと考えられたわけである。

戦後の創価学会は、現世利益の実現を約束し、あわせて法罰論を強調することで、急速に拡大していくことになる。ただし、戦前の創価教育学会の時代においては、ごく小規模な集団にとどまっていた。

一九三五年に『創価教育学体系梗概』が刊行された段階で、会の顧問には柳田國男をはじめ、元オーストリア大使の秋月左都夫《さつお》や学習院初等科長の石井国次など十一人の著名人が名を連ねていた。だが、牧口を研究所長とする研究部に所属する教師はわずか三十名にすぎなかった。

この時期、創価教育学会では、「新教」や「教育創造」といった雑誌を刊行していたが、そうした雑誌に掲載された名簿では、一九三六年中ごろの時点で、顧問十二名、特別賛助会員十五名、創価教育学研究所員十名、創価教育学研究員十三名、東京正会員二十二名、地方会員二十五名にとどまっていた。

日蓮正宗の信仰をもつようになった牧口は、折伏によって会員を増やそうと考えていたものの、当初は十分な成果をあげられなかった。法罰論を打ち出したのも、それを折伏のための武器として用いるためであった。彼は、法罰論を「伝家の宝刀」と呼んだ。

その甲斐あってか、会員の数は徐々に増えていった。一九三九年十二月には、麻布の菊水亭で創価教育学会の事実上の第一回総会が開かれ、数十名の参加者があった。学会の創立は、その九年前のことだったわけだが、この段階まで組織化はほとんど進んでいなかった。

教育団体から宗教団体へ

一九四〇年十月には、九段の軍人会館（現在の九段会館）で第二回総会が開かれ、顧問の秋月が参加したほか、全部で三百名の参加者があった。この総会で、牧口は会長に就任している。

この時代になると、創価教育学会は教育団体から宗教団体へと性格を変えるようになっていた。「創価教育学会規約要項」では、「本会は日蓮正宗に伝わる無上最大の生活法たる三大秘法に基き、教育・宗教・生活法の革新を計り、忠孝の大道を明らかにし、以て国家及び国民の幸福を進めるを目的とす」とうたわれていた。三大秘法とは、日蓮正宗の信仰の核心に位置する本門の本尊、題目、戒壇のことをさしている。

牧口は、信仰を伝える場として、少人数で集まって話し合いを行う「座談会」を重視した。この座談会は今日の創価学会にも受け継がれ、きわめて重要な意味をもっているが、当初は「生活革新実験証明座談会」と呼ばれていた。つまり、会員同士が、信仰をもつことで得た利益や法罰の事例を報告しあうことで信仰の価値を証明しようと試みたのである。

機関誌においても、会員のなかには安産が多いことや死相が美しいこと、あるいは、牧口の指導で酒好きがやんだことや、他の宗教を信仰していたがために病気になった事例などが紹介されていた。当初の創価教育学会には知的な雰囲気が漂っていたが、この段階になると、ご利益を強調する宗教団体に近づいていた。

その分、折伏は成果をあげ、一九四二年十一月に神田の一ツ橋教育会館で開催された第五回総会には、六百名もの参加者があり、会員数は四千名に及んでいることが報告された。支部も、東京に十六支部、地方に十二支部を数えるまでにいたっていた。爆発的な伸びを示していたわけではないにしても、創価教育学会は宗教色を強めることで、その勢力を徐々に拡大していた。

ところが、戦時体制のもとで宗教団体への統制や規制が強化されるなか、創価教育学会もその対象となっていく。牧口は、国家の宗教統制政策として押し進められていた宗派の合同によって日蓮正宗が日蓮宗と合同することに反対した。また、伊勢神宮から配られる皇太神宮の神札、「神宮大麻《たいま》」を拝むことを拒否し、さらにはそれを焼却させた。

日蓮正宗では、入信に際して、他宗教や他宗派の本尊や神札、神棚、祠《ほこら》、経典、護符などを取り払い、それを焼き払う「謗法払い《ほうぼうばらい》」が行われており、牧口はその教えに従って神宮大麻を焼却させたかのように見える。

しかし牧口は、戦前の体制のもとで、宗教にあらずとして一般の宗教とは区別された「敬神崇祖」の道を、日蓮仏法に背く謗法としてすべて否定したわけではない。第五回総会での全員座談会において、牧口は、靖国神社へ参拝する意義を説き、それがご利益を得るためのものではなく、感謝のこころをあらわすものである点を強調した。現在の創価学会は、首相の靖国神社参拝に反対の姿勢をとっているが、それは牧口以来一貫しているとは言えないのである。

さらに牧口は、天照大神や代々の天皇に対して、「感謝し奉る」と言い、昭和天皇を現人神として認めた上で、「吾々国民は国法に従って天皇に帰一奉るのが、純忠だと信ずる」とさえ述べている。では、なぜ神宮大麻を拝むことを拒否するかと言えば、それは、天皇とともに天照大神を祀ることは二元的になり、天皇に帰一したことにならないからだというのである。

牧口は、現人神としての天皇を崇拝するという当時の風潮を否定しておらず、むしろ純粋な天皇崇拝を確立するために、神宮大麻を焼却したのだった。彼は、その行為が皇室を冒瀆するものになるとは考えなかった。ところが、日蓮正宗の宗門の側では、牧口らを本山に呼び、神宮大麻を受け入れることを勧め、創価教育学会員の大石寺への参詣を禁止したが、牧口はその勧告を受け入れなかった。

当時においては、極端な天皇崇拝を強調する動きは危険思想として取り締まりの対象になった。一九三五年に二度目の取り締まりを受け、教団施設を破壊された大本教《おおもと》がその代表である。牧口の場合には、一九四一年に全面改正された治安維持法の第七条にある「国体ヲ否定シ又ハ神宮若《モシク》ハ皇室ノ尊厳ヲ冒瀆スベキ事項ヲ流布スル事ヲ目的トシテ結社ヲ組織シタル者」にあたるとして、一九四三年七月六日に逮捕、起訴された。

彼は、巣鴨の東京拘置所四舎二階の独房に収監された。翌一九四四年十月には、男子のうちただ一人残っていた三男の洋三が中国で戦病死したことを知らされる。それに衝撃を受けたのか、十一月十七日には病監に移り、翌十八日に亡くなっている。享年七十三歳であった。

一般の宗教団体においては、教祖の死が、その教団を飛躍的に発展させていく契機になることがある。典型的にはキリスト教の場合に見られることだが、とくに弾圧によって亡くなった教祖の場合には神格化が進められ、救済者としての役割が与えられていく。

その点で、信仰に殉じて亡くなった牧口の場合には、神格化され、その死が教団を発展させていく契機となる可能性があった。しかし、彼は宗教団体のリーダーではあっても、教祖と言える存在ではなかった。その死もきわめて人間的なもので、神秘的な出来事に彩られたものではなかった。したがって、牧口の死がそのまま創価教育学会を飛躍させるきっかけになったとは言い難い。

躍進の基盤——二代・戸田城聖

戦後の創価学会躍進の基礎を築いたのは、牧口とともに捕らえられ、敗戦直前の一九四五年七月に釈放された戸田城聖であった。彼は大正時代から牧口と付き合いがあり、創価教育学会が発足したときには、牧口に次いで常務理事の地位にあった。戦後においては、創価教育学会を創価学会へと改組し、第二代会長として、創価学会を飛躍的に発展させていったのである（以下、戸田の生涯については、前掲『創価学会四十年史』、『革命の大河——創価学会四十五年史』、『戸田城聖伝』、『戸田城聖とその時代』、それに池田大作『人間革命』などによる）。

戸田は、本名を甚一と言い、一九〇〇（明治三十三）年、石川県江沼郡塩屋村（現・加賀市塩屋町）という漁村に戸田甚七、すえの七男として生まれた。甚一が二歳の時に、一家は北海道の厚田村に移住し、彼は青少年時代を北海道で送ることになる。

小学校を出た後、札幌の商店に丁稚奉公に出されるが、そのあいだに、牧口も学んだ北海道札幌師範学校（北海道尋常師範学校を改称）で尋常科准訓導の資格を得て、一九一八（大正七）年には夕張にあった真谷地《まやち》炭鉱の小学校で代用教員となる。戸田も、師である牧口と同様に、その職業生活を教師としてスタートさせたのだった。

ただし戸田は、その地位に満足することができず、上級の学校への進学をめざして、真谷地の小学校を退職し東京へとむかう。それは一九二〇年三月のことで、戸田は二十歳になっていた。

興味深いのは、東京へ出てきたばかりの戸田のとった行動である。彼は兜町《かぶとちょう》の株屋街に出かけると、もっていた金全部を費やして株を購入した。ところが、それから数日後に株価は暴落し、株式取引所が休場するまでにいたった。戸田は財産のほとんどを失った。彼は、教育界に身をおいてはいたものの、投機、つまりは金もうけに関心をもっていた。その点が、創価学会の歩みにも大きな影響を与えることになる。

戸田は、その直後の四月に人に紹介され、牧口とはじめて会っている。牧口は、そのとき西町尋常小学校の校長をしていて、たまたま欠員があったことから、戸田を代用教員として採用したと言われる。あるいは戸田を牧口に紹介した人間は、そのことを知っていて紹介状を書いたのかもしれない。

牧口が三笠尋常小学校に転任になると、戸田も三笠の方に移った。牧口が今度は白金尋常小学校に転任になると、戸田は代用教員を辞めている。彼は、そのあいだに、高検(高等学校入学資格検定試験)に合格していた。しかし、戸田には上の学校に進学するための経済的な余裕がなく、生命保険の外交員になっている。

教員の職を離れても、戸田は牧口とつきあいがあり、学習塾をやってみないかという提案をされた。この提案にもとづいて戸田は外交員を辞め、関東大震災後の一九二三年十二月、目黒駅の近くに「時習学館」という学習塾をオープンさせる。あわせて戸田は、本名の甚一にかえて城外を名乗るようになる。

当時は、まだ受験産業の確立されていない時代で、時習学館はその先駆けとなった。一九二九(昭和四)年からは、中学受験のための公開模擬試験をはじめ、試験の成績から志望校に合格する可能性を割り出すシステムを作り上げたことから大当たりし、隔週に行われる模擬試験には千名単位の生徒が殺到した。

一九三〇年には、『推理式指導算術』という受験参考書を出版するが、これはベストセラーとなって版を重ね、発行部数は百万部を超えたと言われる。

序章でふれた『折伏』の著者の一人でもある哲学者の鶴見俊輔は、戸田の作った算数や国語の参考書に助けられたと述べている。鶴見の友人のなかには、実際に時習学館で学んでいた者もいたという。

この成功を機に、戸田はさまざまな事業に乗り出す。出版社や食品会社に出資し、手形割引の会社を作ったり、証券界に進出を試みたりした。最盛期には十七の会社を運営し、月収は一万円を越えたとも言われる。

「実業家」の宗教体験

しかし戸田は、事業における成功だけでは満足できなかったのか、創価教育学会の活動も続けていた。牧口が日蓮正宗に入信した直後には、自身も入信しており、創価教育学会の機関誌である「新教」についても、自らが設立した出版社、日本小学館から刊行し、編集兼発行人となっていた。彼は、牧口の宗教活動を財政面から支え続けたのである。

牧口が治安維持法違反で逮捕されたときには、彼も逮捕されている。牧口と同じように、巣鴨の東京拘置所に送られ、そこで一年七カ月あまりを過ごすことになる。同時に逮捕された創価教育学会の他の幹部たちは転向し、釈放されたが、戸田は、牧口や会の理事であった矢島周平（戦後、戸田の後を継いで第二代理事長となる）とともに、信仰を貫いた。

戸田は、東京拘置所に収監されていた間に宗教体験をし、その体験が、戦後に彼が展開することになる「生命論」の基盤になったとされている。

戸田は獄中で、訓点を施していない漢文、白文で法華経を読むという挑戦を行う。そのとき、法華経の開経とされる無量義経のなかで「……に非ず」という否定が三十四含まれる箇所にぶち当たるが、その意味がわからなかった。三十四の否定で表現されたものこそが仏の本質であるとされていた。

戸田は、その仏の本質について考え抜き、最後には、それが生命であるととらえるようになる。この体験は、のちに「獄中の悟達」と呼ばれるようになり、後述の池田大作『人間革命』では、重要なクライマックスとして描かれている。

ただし戸田自身は「私は二百万べんの題目も近くなって、不可思議の境涯を、御本仏の慈悲によって体得したのであった。その後、取り調べと唱題と、読めなかった法華経が読めるようになった法悦とで毎日暮らしたのであった」と述べているにすぎない。

獄中の悟達にあたるような記述は、彼の著作として一九五七年に妙悟空の筆名で刊行された『人間革命』に出てくるだけである。まとまった著作のない戸田が、小説を書き上げることができたとは思えず、獄中の悟達は、小説を代作した人間の創作であった可能性がある。

敗戦直前に保釈された戸田は、敗戦の翌年、一九四六年三月に、創価教育学会を創価学会と改称し組織の再建をはかる。彼は理事長として、創価学会を率いていくことになるが、組織の再建に先立って二カ月にわたる法華経の講義を行う。創価学会への改称は、戦前においてすでに教育団体から宗教団体としての性格を強めていた組織の状況を反映したものであった。

こうして戸田の時代がはじまることになるが、戸田と牧口とでは、その性格は大きく異なっていた。牧口は、尋常小学校の校長を歴任した教育者で、『創価教育学体系』などの大著をものした知識人であった。宗教について論じる際にも、法罰論の主張に見られるように、実験の側面を強調し、その価値を証明することに力を注ごうとした。

それに対して、戸田の場合には、教育界に身をおいてはいたものの、塾を開いて模擬試験に生徒を集め、受験参考書を刊行して大当たりをとったように、むしろ教育を一つの産業としてとらえ、実践している面が強かった。戸田は、教育者というよりも実業家だったのである。

肉声が伝える実像

創価学会系の出版社からは、牧口の全集（第三文明社）だけではなく、戸田の全集（聖教新聞社）も刊行されているが、戸田には、牧口と異なり、まとまった著作はない。戸田は、自分の思想を理論として伝えようとする人間ではなく、むしろ目の前にいる聴衆の感性に訴えかけようとする人間で、その本領は講演でこそ発揮された。

彼の話し方はざっくばらんで、あけすけだった。たとえば、全集の講演集から拾ってみると、「坊主ほど、日本再建の今日、無用なものはない」「いま、また、『先祖をまつれ』といって宣伝し、仏教教典になんらの根拠もないインチキの教えをふりまいている」「ただ、仏法を守らんためには、世間法もそむかねばならぬことはあるのである」「わが創価学会が、かくも見事にできあがった姿をたとえるならば、海から上がった、生き生きとした大きな鯛である」といった調子であった。

ただ、講演を文字化したものは、戸田が語ったそのものではない。全集におさめられた講演には、すべて編集の手が入っており、実際に話されたものとは別物になってしまっている。たとえば、国立戒壇の建立に言及した箇所は、全集では「本門戒壇」と直されている。

創価学会では、戸田が一九五八年四月二日に亡くなった後、その講演を録音したLPレコードを作っている。『創価学会会長　戸田城聖先生の教え』と題されたそのレコードは非売品で、会員の間に配られたものと思われるが、二十数枚になるレコードは、現在では貴重な資料となっている。

レコードは一九五〇年代に録音されたものが中心で、それは創価学会がその勢力を急速に拡大し、地方議会に議員を送るようになった時代にあたっていた。五十八年にわたる戸田の生涯においては、晩年の時期のものだということになる。

レコードを聞いてみると、戸田の話しぶりは、まず田中角栄元首相の演説を彷彿とさせる。田中ほどだみ声ではないが、野太い声や、ざっくばらんな語り口は、田中と似ている。戸田は北海道育ちだが、生まれは石川県であった。同じ北陸の出身ということで、両者の語り口には似たところがあるのだろうか。

一番驚かされるのは、戸田が明らかに酒を飲みながら講演を行っている点である。よく街の酔っ払いがくだを巻いて滔々《とうとう》と自説を披露することがあるが、戸田のはまさにそれだった。その様子が、そのままレコードに記録されているのである。

しかも、ある講演のなかで、その時点で刊行間近だった彼の『人間革命』についてふれ、一所懸命書いたのでベストセラーにしてくれと会員たちに訴えるとともに、前半の部分はまったくのでたらめだとさえ言い放っている。

すでに指摘したように、『人間革命』は、誰かの代作によるものと思われるが、その主人公となった印刷工場主の息子、巌《がん》さんの経歴は、戸田のものとはまったく異なっている。戸田は、講演のなかで、小説の前半はともかく、監獄に入ってからのところは本当だということを強調した。しかし、すでに指摘したように、獄中の悟達は小説における創作の可能性が高いのである。

酒を飲みながら講演したのは、地方などでの小規模な集まりにおいてだったらしいが、酒の入っていない講演でも、その語り口は、極めて庶民的で直截だった。

戸田の謦咳《けいがい》に実際に接した経験があるのは、現在では、六十代以上の会員に限られている。六十代以上でも、戸田が亡くなってから入信しているのであれば、その講演を聞いたことはないはずである。レコードも、会員全員に配付されたわけではない。実際の戸田を知らない学会員が、こうした講演を聞いたとしたら、果たしてどういった印象をもつであろうか。戸田の語り口には魅力があり、一般庶民のこころをとらえるには十分な力をもっている。しかし、池田の『人間革命』に描かれた戸田とはあまりにも異なっている。

法悟空（池田大作の筆名）による『随筆　新・人間革命』の「恩師のレコード――獅《し》

子吼《しく》に弟子は勇気百倍！」には、レコードを出すまでの経緯が述べられている。たしかに、池田をはじめとする弟子たちには、戸田の肉声はひどく懐かしいものに思えたことだろう。しかし、酔っ払っての講演までレコード化したことは、非常に興味深い。少なくとも戸田の薫陶を受けた会員たちには、彼が酔っていようと、素面《しらふ》だろうと、何も気にならなかったようなのである。

折伏大行進の掛け声

問題は、戸田が、彼一流の講演を通していったい何を訴えたのかということである。

その点については、創価学会に入信した経験をもつ小説家の志茂田景樹が、『折伏鬼』（文春文庫）という小説のなかで述べている。これは小説であるとは言え、著者の経験が反映されており、戸田の講演をリアルに伝えてくれていると考えていいだろう。

主人公で著者の分身である「私」は、中学一年生だった一九五三年、東京の中野で、見ず知らずの中年女性から中野公会堂の講演会に誘われる。ついていくと、高い声で興奮してしゃべる女性の後に、多田皓聖《こうせい》が登場した。この多田のモデルが戸田である。

多田は聴衆にむかって、「このなかで、あした食べるパンもないというのはいるか、ええっ」と問いかけた。しかし、誰も手を上げない。そこで多田が「こうして、ここから見てたって、気息えんえんて感じのがうようよいる。遠慮しねえで、ほれ、手をあげてみなったら」と呼びかけると、あちこちで手が上がった。

その光景を見て満足そうだった多田は、「手をあげた諸君に約束しよう、この多田皓聖が一カ月後に諸君をみな生活苦から解放してあげる。ポケットにはいつも千円札がいっぱいあって、後楽園にいけて、飲み屋のハシゴができて、アルサロにもいけて女給にチップをはずむことができる境涯にしてあげよう。この多田が確約する」と言い放ったのである。

生活苦からの解放を請け合う代わりに、一日一人を折伏し、一日三時間題目をあげることを聴衆に約束させた。そして、折伏に行くにも金がないのを見越して、「あす食べる米もない諸君は、折伏にいく電車賃も当然おしかろう。金は折伏する相手に借りるんだ。必死に折伏すれば、相手は信心しなくても金は貸すよ」と言って、彼らを笑わせた。

そして多田は、次のように庶民の夢を語った。

「なにしろ折伏しようや、なあ。われわれがまた四畳半のところに生まれてきて、きたない着物を着て、一生貧乏で暮らしたりするのはいやだもの。生まれおちると、女中さんが三十人もくっついて、ばあやが五人もいて、年ごろになれば、優秀な大学の卒業生として、お嫁さんはむこうから飛びついてきて、良い子どもを生んで、立派な暮らしをする。そういうところへ、つぎには生まれてこようよ、なあ諸君」

戸田が、敗戦直前に出獄したとき、白金台にあった自宅は残っていたものの、時習学館や会社の社屋は空襲で焼けてしまっていた。しかも戸田は、捕らわれていた時代に、元々極度の近視だったのが、左目の視力をほとんど失い、糖尿病と神経痛を患うようになっていた。

それでも、城聖と改名し、日本小学館改め「日本正学館」を名乗って新聞に広告を出し、中学生向けの数学と物理の通信講座をはじめる。彼には、時習学館で培ったノウハウがあった。広告は功を奏し、一日に四百人以上の申し込みがあったという。

戸田は、西神田に日本正学館の事務所をかまえ、あわせて法華経の講義をはじめ、創価教育学会の再建に乗り出す。彼は、戦前には講義など行ってはおらず、そこには、獄中で法華経を白文で読んだことが影響していたものと思われる。

講義の受講者はわずか三名にすぎなかったが、彼は、第二期、第三期と法華経の講義を続けるとともに、組織の再建を進め、一九四一年から刊行され、戦前に九号まで出された機関誌の「価値創造」を復刊した。十一月には、神田の教育会館で牧口の三回忌法要を営むとともに、創価学会の第一回総会を開催した。参加者は五百名にのぼった。戸田は、この総会の席で、戦前と同様に理事長に就任している。

また、事業としては通信教育から出版へと移り、『民主主義大講座』のシリーズを刊行して成功をおさめ、「冒険少年」(後に「少年日本」)といった少年雑誌や「ルビー」といった婦人向け雑誌を刊行する。

さらに、信用組合の経営立て直しを試みるが、アメリカ人の銀行家でGHQの経済顧問となったJ・M・ドッジの指示によってなされた財政金融引き締め政策、いわゆる「ドッジ・ライン」による不況で、再建の試みは頓挫し、信用組合は業務停止を命じられた。

戸田は、一九五一年三月に、信用組合の問題に整理をつけると、創価学会の理事長の座を下り、第二代の会長に就任する。就任式は、五月三日に向島の日蓮正宗寺院、常泉寺で行われ、戸田は、集まった千五百人の会員の前で、「私が生きている間に七十五万世帯の折伏は私の手でする。もし私のこの願いが、生きている間に達成できなかったならば、私の葬式は出してくださるな。遺骸は品川の沖に投げ捨てていただきたい」と、高らかに宣言したのだった。

戸田が、なぜ七十五万世帯という途方もない数を上げたのかはわからない。この当時、創価学会の会員は、多くても五千人と推測される。世帯数にすれば一千世帯前後にすぎない。ところが、戸田の宣言は、「折伏大行進」と呼ばれる布教活動のきっかけとなり、創価学会は急速な発展をとげていくことになる。

一年目の一九五一年末の時点で、すでに五千七百世帯にまで増えた。五三年には七万世帯、五四年には十六万世帯、五五年には三十万世帯となり、戸田の亡くなる五八年には、目標をはるかに上回る百万世帯を達成している。その後も創価学会の伸びは続き、六〇年には百五十万世帯を超え、東京オリンピックの開かれた六四年には五百万世帯を超えている。

高度経済成長と新宗教

序章で、マックファーランドの日本の新宗教についての著作にふれたが、そのタイトルは、『神々のラッシュアワー』というものだった。

実は、「神々のラッシュアワー」という言葉は、マックファーランドの造語ではなく、日本のジャーナリズムで使われていた。第二次世界大戦の敗戦後、社会体制の根本的な変化が起こり、天皇を現人神と考える戦時下の思想がその効力を失ったのにともなって、日本の社会には、あたかもラッシュアワーのように、数々の目新しい宗教が登場した。

人間宣言をした昭和天皇にかわって神聖な支配者になると公言し、横綱の双葉山や碁の名人、呉清源を信者とした璽光尊《じこうそん》（長岡良子《ながこ》）を教祖とする璽宇教や、「踊る宗教」として東京にも進出した、北村サヨを教祖とする天照皇大神宮教などが名高いが、トーマス・エジソンを崇拝するために電気器具商が創設した電神教や、もっぱら脱税を目的とした皇道治教といった宗教まで生み出された。

しかし、神々のラッシュアワーと言われた時代に生まれた宗教団体は、必ずしもその勢力を拡大することができなかった。教団として発展したのは天照皇大神宮教だけで、信者数は四十五万人である。それでも、その後の創価学会をはじめとする日蓮系、法華系の巨大教団にはとても及ばなかった。

つまり、神々のラッシュアワーと言われた敗戦直後の一九四〇年代後半よりも、新宗教に集まる人間の数が増えたのは、一九五〇年代に入ってからのことで、五〇年代も半ばになってからの方が、信者数の伸びは著しかったのである。

一九五〇年代半ばと言えば、それは高度経済成長がはじまった時代にあたっていた。ドッジ・ラインによる不況を経験した日本の社会は、一九五〇年に勃発した朝鮮戦争が生み出した特需によって、回復軌道に乗り始めた。経済白書が「もはや戦後ではない」と宣言した一九五六年には、国民所得が戦前の水準を上回り、「三種の神器」と言われた電化製品（白黒テレビ、電気洗濯機、電気冷蔵庫）を牽引車とする消費革命がはじまる。一九六〇年の安保闘争で倒れた岸信介の内閣の跡を継いで首相となった池田勇人は、「所得倍増計画」を発表し、日本の経済成長率は十パーセント平均で推移することになる。

創価学会が勢力を拡大したのは、まさにこの高度経済成長の時代にほかならなかった。敗戦による復興から成長へとむかうなかで、小規模の宗教団体にすぎなかった創価学会は、折伏大行進の号令のもと、強力な布教活動を展開することで巨大教団への道を歩み始めたのである。

都市下層の宗教組織

では、高度経済成長と、創価学会の急速な拡大との間には、どういった関係があったのだろうか。

創価学会は、すでに戦前から活動を開始しており、戦後すぐに組織の再興が試みられたが、当初の段階では、それほどの伸びを示してはいない。戸田の折伏大行進の掛け声は、会員たちを布教に誘う強力なスローガンにはなったであろうが、スローガンがあるからといって、布教活動が成功するわけではない。

その点について示唆を与えてくれるのが、序章でも紹介した社会学者、鈴木広の『都市的世界』第五章「創価学会と都市的世界」における分析である。

この本は、創価学会＝公明党が言論出版妨害事件を起こす一九七〇年に刊行されているが、創価学会をあつかった章のもとになったのは、「社会学研究」（東北社会学研究会刊）に一九六三年と六五年の二回にわたって連載された「都市下層の宗教集団――福岡市における創価学会」という論文であった。

『都市的世界』が刊行される際に、鈴木は、論文執筆後に公明党が参議院選挙に出馬した事態を踏まえ、一九五六、五九、六五、六八年に行われた四回の参議院選挙の際に、公明党の獲得した票をもとに、創価学会が進出し、拡大している地域についての分析を加え、論文の前半部分を大幅に書き換えている。その分析によれば、伸びが著しいのは、都市とその周辺、とくに太平洋ベルト地帯だが、東京都では頭打ちから減少に転じていて、むしろ東京に隣接した諸県で増加しているという結果が出ている。鈴木は、この分析から、創価学会は労働組合と同様に都市型組織であると説明している。

興味深いのは、論文の元になった一九六二年七月から九月にかけて福岡市で行われた創価学会員に対する面接調査の結果の方である。この調査によって、学会員の属性が明らかにされるとともに、なぜ創価学会が高度経済成長の時代に発展したのかという謎を解く鍵が明らかになってくるのである。

調査によれば、福岡市の学会員は、学歴が低く、高卒以上は全体の三割を占めるにすぎない。多くは小学校や中学校しか出ていない。職業の面では、「零細商業・サービス業の業主・従業員と、零細工場・建設業の工員・単純労働者など」が中心である。つまり、創価学会はたんに都市型組織であるというだけではなく、論文の副題にもあったように、都市下層のための宗教組織なのである。

鈴木は、調査対象となった学会員の生家の職業と出身地の分布についても分析を行っている。それによれば、農林漁家と商工自営の家に生まれた者が全体のおよそ七割に達していて、現在住んでいる場所に生まれた者はゼロに近く、福岡市内の別の場所に生まれた者を加えても二割に満たないという。福岡市の外で生まれた者が八割を超え、その大部分は農家の出身であった。市内に生まれた者の場合、約半分は商工自営であった。

つまり、学会員となった人間たちは、福岡市に生まれ育ったわけではなく、最近になって、農村や漁村、山村から福岡市に出てきたばかりの人間たちであった。彼らは、学歴が低く、そのため、大企業に就職することもできない。労働者ではあっても、労働組合の恩恵にあずかることができず、未組織の労働者として不安定な生活を送らざるを得ない境遇にあった。彼らは、都市の下層階級に組み込まれており、その点について鈴木は、彼らは常に「生活保護世帯に転落する危険と不安にさらされている」と指摘している。

農村出身者の受け皿

高度経済成長の時代においては、産業構造の転換によって、第一次産業よりも第二次、第三次産業の方が重要性を増した。第一次産業が農村部の産業であるのに対して、第二次、第三次産業は都市での産業であった。したがって、第二次、第三次産業が勃興するにつれて、都市部では、労働力の不足という事態が起こり、新たな労働力の供給源となったのが農村部であった。

農村部において農業などの第一次産業を続けるよりも、都市に出て第二次、第三次産業に従事した方が高い現金収入を得ることができた。最初、農村を離れて都市へ向かったのは、農家の次男、三男であった。彼らはもともと農家の跡取りではなく、どこかへ出て行かざるを得ない運命にあった。そこで、可能性が開かれるかもしれない都市部への進出を試みたのである。

人口の農村部から都市部への移動が起こり、都市の人口が過密になればなるほど、都市での産業は勃興し、さらなる労働力が求められることとなった。農村部からは、次、三男だけではなく、広い耕地をもたない農家の長男も都市へと向かった。

しかし、都市では、農村にいては得られない現金収入を得ることはできたものの、都市へ出てきたばかりの元農民たちには、学歴も技術もなく、官公庁や大企業、あるいは大規模な工場などに職を見つけることができなかった。官公庁や大企業の労働者になれば、総評や同盟などの労働組合に加入できたし、そもそも官公庁や大企業自体の保護を期待できた。ところが、未組織の労働者は、そうした恩恵にあずかることができず、不安定な地位のまま、いつ収入の道を断たれるかわからない状態にあった。まさに鈴木の指摘するように、転落の可能性があった。

その際、都市に出てきたばかりの人間たちの受け皿となったのが創価学会だった。あるいは、立正佼成会や霊友会といった日蓮系、法華系の新宗教であった。数ある宗教のなかで、とくに日蓮系、法華系に人々が救いを求めたのは、そうした宗教においては、戸田の講演が示しているように、徹底した現世利益の実現が説かれたからだった。戸田は、大石寺に祀られた本尊を、「幸福製造器」と呼んだ。都市の下層に組み込まれた人間たちは、慣れない都市において、豊かな生活を実現したいと強く願っていた。創価学会をはじめとする日蓮系、法華系の教団は、その期待にこたえようとしたのである。

創価学会は座談会という武器をもっていたし、立正佼成会や霊友会は「法座」という武器をもっていた。どちらも、会員たちが集まって、自分たちの目下の悩みを打ち明け、その解決策をアドバイスしてもらったり、励ましを受けたりするための場である。そうした場に集まった人間の間には、同じ境遇から来る親近感が生まれ、教団組織に一体感をもつことができた。

こうして、創価学会は、他の日蓮系、法華系の新宗教教団とともに、高度経済成長の時代に急速に勢力を拡大し、巨大教団へと発展していった。高度経済成長によって、都市化が起こり、都市に農村部から出てきたばかりの人間たちが大量にあふれるという事態があったからこそ、短期間に急成長が可能であった。創価学会が、今でも農村部より都市部、とくにそのなかでも庶民の集まる下町で強いのはまさにそのせいである。戦後社会の大きな変化が、巨大教団を生み出したことになる。

ひとり勝ちの理由

しかし、一つまだ解けていない謎がある。

それは、なぜ創価学会は、同じ日蓮系、法華系の新宗教、立正佼成会や霊友会を圧倒してしまったかという謎である。立正佼成会の場合には、五百万人を超える信者をかかえてはいるものの、社会的な影響力は、創価学会にはるかに及ばない。立正佼成会は、自分たちの支持する議員を自民党を通して議会に送り込んだりしたことがあるが、公明党のような政党を組織するまでには至らなかった。

創価学会と立正佼成会、霊友会とを比べた場合、日蓮や法華経への信仰を核としている点では共通している。現世利益の実現を強調したところも同じで、創価学会の座談会に相当する法座という場もあった。立正佼成会や霊友会の信者についての社会学的な調査は行われていないが、やはり高度経済成長の波に乗って都市に出てきたばかりの人間たちをターゲットにした点で、創価学会と共通していることであろう。

ただ、二つの点で、創価学会は、立正佼成会や霊友会とは異なっている。

一つは、霊に対する信仰の有無である。一般に、日本の新宗教教団においては、霊の問題が強調されることが多い。病や不幸は霊による障りが原因であるとされ、その霊を祓《はら》うことによって幸福がもたらされると説くのが一般的である。その霊とは、大概の場合、十分に祀られていないその家の先祖の霊である。

立正佼成会や霊友会の場合にも、すでにふれたように、前者の長沼妙佼や後者の小谷喜美は、神憑りする霊能者であった。そして、これは立正佼成会も霊友会から受け継いだのだが、どちらの教団でも「総戒名」を祀ることが重視されている。これは、家族の戒名をできるだけ集めてきて、それを一つにして先祖供養の対象とするものである。独自な形ではあるが、立正佼成会や霊友会には、日本の宗教に伝統的な先祖供養の要素が見られることになる。

ところが、創価学会の場合には、開祖の牧口が霊能者ではなく、むしろ知識人であったこともあって、霊的な信仰が強調されることはない。ほかに霊能者は存在せず、総戒名のような先祖供養を実践することもない。

創価学会が、折伏大行進の号令のもと、急拡大を続けていた時代に、折伏のためのマニュアルとして配られた『折伏教典』では、「霊魂は存在しない」と断言されている。また、占いや易などについても、「これが今後の自分の人生を幸福にしていく指針だとするのは、大きな誤りであり、最大の危険である」として、その価値はまっこうから否定されている。

創価学会に入会した者には、大石寺の板曼荼羅を書写したものが本尊として授与される。学会員たちは、その本尊を家庭で祀るために仏壇を購入した。その仏壇は、日蓮正宗に特有の形式をもつもので、「正宗用仏壇」と呼ばれる。一般の家庭では、仏壇に先祖の位牌を祀ることが一般的だが、学会員の仏壇にはなによりも日蓮の曼荼羅が本尊として祀られてきた。その点でも、創価学会には、先祖供養の要素は希薄なのである。

そこには、創価学会の会員たちの出自がかかわっていた。彼らは農村部から都市部へ出て行く際に、実家にあった仏壇をたずさえてはこなかった。そのなかの大半は、祭祀権をもたない次、三男だったからである。彼らには祀るべき祖先がなかった。それは、彼らが、実家で実践されてきた伝統的な先祖供養から切り離されたことを意味する。そうであるからこそ、祖先の霊を中心とした霊信仰に関心をいだかなかったのである。

すでに述べたように、創価学会に入会した人間には、戦前の創立当初から謗法払いが勧められた。謗法払いを行うには、他宗教や他宗派の信仰にかかわる神棚や仏壇などを焼却しなければならない。そうした方法を会員たちが受け入れたのも、彼らが伝統的な信仰から切り離されていたからである。そもそも多くの会員は、入会した時点で謗法払いの対象となる神棚や仏壇を祀ってはいなかった。

伝統的信仰の否定

創価学会が、日本の社会と衝突をくり返してきたのも、伝統的な信仰をまっこうから否定したからである。そこから、創価学会の排他性が生み出されていくことになるが、それを支えたのが、立正佼成会や霊友会にはない二つ目の特徴であった。

立正佼成会や霊友会は、創価学会と同様に在家の仏教集団である。その組織のなかに、出家した僧侶は含まれていない。ただ、創価学会の場合には、その創立以来、長い間にわたって出家集団である日蓮正宗と密接な関係をもってきた。その時代、創価学会の会員になるということは、そのまま日蓮正宗の信徒になるということでもあった。

その意味は小さくない。

立正佼成会や霊友会の場合、総戒名に代表されるように、独自の先祖供養の形式を作り上げたものの、特定の出家集団との関係が確立されていないため、会員が亡くなったときには、会に独自な形式で葬儀を営むことができない。そのため、元々の家の宗派の形式に則って葬儀を上げることが多くなり、会への信仰を捨てて既成仏教への信仰に逆戻りするきっかけとなる危険性を秘めている。

それに対して、創価学会員の場合には、亡くなっても日蓮正宗の僧侶に葬儀を営んでもらうことができ、生家の信仰へ逆戻りする必要はなかった。それは、信仰を継続させることにつながる。日蓮正宗との関係が切れた後にも、創価学会では、「同志葬」や「友人葬」と呼ばれる独自の葬儀形式の確立に力を入れてきたが、それには葬儀を契機に信仰を捨てさせないための防御策の意味合いがあった。

要するに、立正佼成会や霊友会に比べた場合、創価学会の方が、独自の信仰を確立する上において、より積極的で、より徹底してきたと言えるであろう。伝統的な信仰や既存の信仰に対して、創価学会がそれを全面的に否定してきたのに対して、立正佼成会や霊友会では、むしろ融和的で、決してそれらを否定してはこなかった。

創価学会の方が、立正佼成会や霊友会よりも勢力を拡大し、社会的影響力を増したということは、創価学会に集まってきた人々は、より徹底した信仰を求めたと言えよう。あるいはそこには、自分たちを故郷から追い出し、都市での新しくはあるが困難の多い生活を強いた社会への、強い反発心が働いていたのかもしれない。その点は、次の章で述べるように、創価学会と政治とのかかわりにも反映されていたのである。

第二章　政界進出と挫折

折伏の戦闘性

創価学会二代会長戸田城聖の号令のもとで、一九五一（昭和二十六）年五月からはじまった折伏大行進は、すぐに効果を上げ、やがて創価学会を巨大教団へと発展させていくことになる。

現在の創価学会は、平和主義を標榜し、会則にも、「創価学会は、仏法の慈悲の哲理を根本に、世界の平和と人類の幸福の実現を目指すものである」と明記されている。しかし、折伏大行進は、平和主義とはほど遠い、きわめて戦闘的な運動だった。

折伏大行進にあわせて刊行された『折伏教典』では、戸田の「生命論」をはじめとする創価学会の教義、法華経や日蓮の教えなどが解説されていたが、他の仏教宗派、日蓮宗の各宗派、それに民間信仰や他宗教の教義についても説明し、そうした教義の誤りについて指摘することに、かなりの頁数がさかれていた。

ただし、他宗教や他宗派を批判した部分は、かなり断定的で、教義を正確に理解した上での批判にはなっていなかった。たとえば、浄土宗や浄土真宗については、「他力本願であり、まったく非科学的な教えを説く。ゆえに生命力を弱め、消極的な不幸な人間をつくるのである」と述べられていた。

日蓮宗の総本山、身延山については、「日蓮大聖人とも日興上人ともぜんぜん関係のないニセモノの日蓮宗になっている。霊友会や立正佼成会のようなインチキ宗教の会員を登山させて、多額の寄付をうけ、謗法《ほうぼう》の供養をうけて喜ぶような怪山」となっていると断定されている。

キリスト教については、「宗教の究極である生命に関して」「まったくお話にならない教義を立てている」とされていた。キリストの復活については、「たんなる科学の常識から考えても、まことにバカらしい話である」と批判され、「キリスト教の天国など、仏教にあてはめると、方便権教の念仏でいう西方浄土の架空のたとえ話にすぎない。死んでから天国など、まったくのつくり話である」と切って捨てられていた。

こうしたひどく単純化された批判によって、他宗教や他宗派を信仰する人間を折伏できたかどうかはわからないが、ほとんど宗教について知識のなかった創価学会員たちは、『折伏教典』に書かれていることをそのまま信じ、自分たちの信仰を絶対のものと考えて、折伏に邁進《まいしん》した。そして、創価学会は、新しく会員となった人間に、他宗教や他宗派にかかわる神棚や仏壇、札などを処分し、それを焼却する謗法払いを実践させたのだった。

折伏大行進の戦闘性を象徴する出来事が、一九五二年四月に起こった「狸祭り事件」である。この年は、日蓮による立教開宗から七百年目にあたっており、それを祝う行事が大石寺でも営まれた。創価学会の会員たちも、団体列車をしたて、四千人を超える会員たちが大石寺に登山を行った。

大石寺には、小笠原慈聞という日蓮正宗の僧侶がいた。創価学会の側は、この小笠原が、戦前において、皇国史観に賛同し、日蓮正宗を日蓮諸宗と合同させようと画策した上に、当時の法主の日恭を批判し、牧口常三郎を不敬罪で警察に売ったと考えていた。

そこで、創価学会の青年部員たちは、小笠原を担ぎ上げ、牧口の墓所へ連れていって、謝罪させた。その際に、「狸坊主」のプラカードを立てた（もしくは、小笠原が「わしは狸だ。これは狸祭りだ」と叫んだ）ために、狸祭り事件と呼ばれた。この事件を通して、創価学会は暴力宗教だというイメージが広がることになる。

同じ月には、堀日亨編の創価学会版『新編日蓮大聖人御書全集』が刊行され、八月に創価学会は単立の宗教法人としての認証を受けている。十二月には、教学部の任用試験が開始され、学会員たちは、試験に合格して、教学部員に任用されることをめざして、教学を学ぶようになる。翌一九五三年九月には、五一年から刊行がはじまった「聖教新聞」が週刊となり、十一月には、本部も西神田から今の信濃町に移転した。信濃町では、周辺の土地が次々と買い上げられ、現在では創価学会の一大拠点となっている。

軍旗のある宗教

一九五四年十月には、全国から集まった青年部員一万三千名が大石寺に登山し、富士の裾野で大規模な「出陣式」を行った。その際、白い鉢巻きに登山杖をたずさえた青年部員たちは、「捨つる命は惜しまねど／旗もつ若人いずこにか／富士の高嶺を知らざるか／競うて来れ速やかに」という「同志の歌」をうたい、分列行進を行った。

青年部員たちの前にあらわれた戸田は、「銀嶺号」と名づけられた白馬にまたがり、ゆったりとうなずいてみせた。上空では、加藤隼戦闘隊の元中隊長が操縦するセスナ機が旋回していた。四千名の女子部隊は、「駒ひきて　馬上ゆたかに／指揮とれる　師のかんばせを／仰ぎ見つつ　前駆を　前駆をなさん／黒髪を　風になびかせ」という「憂国の華」の歌で、馬上の戸田に応えた。

戸田は、明らかに天皇の閲兵式を真似ている。そのため、「天皇のマネをしている」と揶揄《やゆ》され、「軍旗のある宗教」と叩かれた。実際、青年会員の組織は、「男子青年部隊」や「女子青年部隊」と名づけられ、そのなかには「参謀室」が置かれていた。参謀室の室長になったのが、池田大作であった。

当時、戸田をはじめとして学会員たちは、「勝負でいこう」「仏法は勝負だ」といった言葉をくり返し使っていた。その根拠は、一二七七（建治三）年の日蓮の遺文、「四条金吾殿御返事」に求められた。そのなかでは、「夫《それ》仏法と申《もうす》は勝負をさきとし、王法と中は賞罰を本《もと》とせり」と述べられていた。ただし、この遺文には、日蓮の真筆は存在しない。

会員たちのうたう歌にしても、「同志の歌」「同志の桜」「桜花」「日本男子」「女子部闘争歌」と題されているところからもわかるように、軍隊調のものが多かった。創価学会の会員は、中国の古典『三国志』や『水滸伝』を好むが、それも、自分たちを、そうした物語のなかの英雄になぞらえようとするからである。

一九五五年三月には、北海道の小樽で「小樽問答」という出来事が起こっている。これは、創価学会の会員が、日蓮宗の僧侶と教義をめぐって議論を戦わせたものだが、創価学会の側からは辻武寿青年部長と小平芳平教学部長が、日蓮宗の側からは身延山短期大学で教鞭をとっていた室住一妙と、戦前は顕本法華宗の僧侶で、戦時中の宗派合同以降、日蓮宗の僧侶となった長谷川義一が参加した。

会場となった小樽市公会堂に集まった聴衆の七割は創価学会員で、学会側の講師には盛大な拍手と声援を送り、日蓮宗側の講師には激しい野次や嘲笑を浴びせかけた。その点で必ずしも公平な議論の場とは言えなかった。この問答をきっかけに、日蓮宗の側では、創価学会との問答を禁止したが、創価学会の側は、勝利宣言を行い、小樽問答を通して自分たちの信仰の正当性が証明されたと宣伝するようになる。

日蓮の志を継ぐ政治活動

創価学会は文化部を設置し、一九五五年四月の地方議会選挙において最初の政界進出を果たす。東京都議会では一名、二十三区の区議会では三十三名、他の都市の市議会でも十九名を当選させた。

翌年の参議院選挙では、六名の候補者を立て、全国区で二名、大阪地方区で一名の計三名を当選させ、世間の注目を集めた。その際には、九十九万票を獲得している。次の五九年の参議院選挙では、票を二百四十八万票に伸ばし、二倍の六議席を獲得した。

一九六一年には、文化部にかわって「公明政治連盟」が結成され、六四年には「公明党」の結党へといたる。政党の結成は、本格的な政界進出の幕開けとなり、六七年には衆議院にも進出、公明党は二十五議席を獲得して、一躍野党第三党に躍り出た。

ではなぜ、宗教団体であるはずの創価学会は、政界への進出をはかったのであろうか。

戸田は、創価学会の機関誌である「大白蓮華」に、毎号、巻頭言を寄稿していたが、政界に進出する五年前の一九五〇年三月十日号には、「王法と仏法」という文章を執筆している。

その文章のなかでは、五年前に終わりを告げた太平洋戦争中の政治が、民衆を犠牲にするものであったと批判され、それが決して「理想的王法」とは言えないと述べられている。そして、仏法は誰一人苦しめるものではなく、慈悲を核としており、その慈悲が王法、つまりは政治に具現すべきだと説かれていた。

戸田は、日蓮の「三大秘法抄（三大秘法稟承事《ぼんじょうのこと》）」について言及し、そのなかにある「王法仏法に冥《みょう》じ仏法王法に合《ごう》す」という言葉こそ、政治にたずさわる者がこころすべき事柄であると主張する。宗教と政治とは一体のものでなければならないというわけである。果たしてこの時点で、戸田が政界への進出を考えていたかどうかはわからない。しかし、彼の信奉する日蓮は、時の権力者に対して正しい政治の在り方をくり返し諫暁《かんぎょう》した宗教家である。戸田は、その日蓮の姿勢を受け継ごうとしたことになる。

政界進出の前年、一九五四年に入ると、戸田は、「広宣流布」ということを強調するようになる。広宣流布とは、広く仏教を伝えることを意味する。それ以前にも、戸田はその言葉を使っていたが、くり返し言及されるようになるのは、一九五四年になってからのことである。

「聖教新聞」一九五四年元旦号に掲載された「民衆帰依の広布へ」という文章では、「広宣流布は、大聖人以来、わが宗門の待望である」と書き出している。二月六日に男子青年部を前にした登山会での講演では、「広宣流布、広宣流布というが、広宣流布はできるのがあたりまえです」と言い切り、四月二十九日、東京の中央大学講堂で開かれた青年部総会では、「この日蓮大聖人様の大仏法を信じ、実践する、おおぜいの青年の仲間ができたときに、広宣流布は絶対にできる。これが、二十五、六年後に実現しないようだったら、広宣流布はできません」と述べている。

参議院に進出する一九五六年三月三十一日に豊島公会堂で開かれた三月度本部幹部会での講演で、戸田は、創価学会の選挙を文化活動と位置づけ、選挙をやる理由として、二つの点をあげている。一つには、選挙になると会員たちの目の色が変わってくるので、支部や学会の信心を締めるために使えるというのである。もう一つには、学会には金がないので、自ずと公明選挙になり、それは国家を救済することに役立つというのである。

日蓮正宗の国教化

戸田は、広宣流布を行う上で、選挙が組織の引き締めに役立つ点を強調しているわけだが、問題は、広宣流布とは具体的にどういったことを意味し、それが政界進出とどのように関係するのかという点である。

戸田は、「大白蓮華」一九五六年八月一日号から翌五七年四月一日号まで連載された「王仏冥合論」の第一回で、参議院議員選挙を通して創価学会が社会の関心を呼び、あわせて創価学会が日蓮正宗を国教にするとか、衆参両院で議席を学会の人間で占めようとしているといった議論が出ているが、それは、「妄説」であると否定し、創価学会が政治に関心をもつ理由について次のように説明している。

「しかし、われらが政治に関心をもつゆえんは、三大秘法の南無妙法蓮華経の広宣流布にある。すなわち、国立戒壇（本門の戒壇）の建立だけが目的なのである。ゆえに政治に対しては、三大秘法稟承事における戒壇論が、日蓮大聖人の至上命令であると、われわれは確信するものである」

ここでは、政界への進出が広宣流布を目的とする宗教的な意義をもつもので、具体的には、国立戒壇、ないしは本門の戒壇の建立をめざすものである点が明記されている。戸田は、六年前の「王法と仏法」のときと同じく、「王法と仏法とが冥合すべきである」と言い、「宗教が混乱するときには、国の政治も混乱する」と指摘している。

戸田は、連載の最終回で、日蓮の教えは、「政治と個人の幸福とは一致しなければならない」という主張であり、それが「王仏冥合論」であるとする。そして、「社会の繁栄は、一社会の繁栄であってはならない。全世界が、一つの社会となって、全世界の民衆が、そのまま社会の繁栄を満喫しなければならない」と述べている。

では、王仏冥合の象徴となる国立戒壇、ないしは本門の戒壇とはいかなるものなのだろうか。

その点について戸田は、「時の権力者および国民大衆に、三大秘法の最高善なることを納得させることであろう」と説明しているが、その具体的な内容は必ずしも明確には示されていない。ただ、国立戒壇を建立すべき場所として、大石寺をあげていただけだった。

このように戸田は、創価学会の政界進出が、日蓮正宗の国教化をめざすものではないと、その点を否定していた。しかし、本門の戒壇が国立戒壇であるとするなら、何らかの形で国の承認を得る必要があり、実質的には、日蓮正宗の国教化を意味する可能性があった。

戸田が亡くなった後、当時はまだ参謀室長の立場にあった池田大作は、会長がまだ空席であった一九五九年元旦の「国立戒壇の建立と学会員の前途」という講演のなかで、国立戒壇は、国家権力や国家の圧力で建立されるものではなく、日蓮正宗の国教化を目指すものではないと、戸田と同様にそれを否定した後、次のように述べている。

「その第一段階として、日本国が王仏冥合して、政治上に、本宗の正義を用いることは当然であろう。しかし、日本一国だけが、大聖人様の仏法を国教としてしまっては、中国、朝鮮が、果して用いるか。アメリカや、ヨーロッパの各国が用いるかは疑問となる。会長先生の思想をよくよく思索し、実践すべきを考えさせられるものである」

ここで言われる、「政治上に、本宗の正義を用いる」ということは、実質的には日蓮正宗の国教化を意味している。事実池田は、日本が仏法を国教とするという点について言及している。こうした発言が、翌年に第三代会長に就任する組織の中心人物からなされた以上、学会の政界進出が、日蓮正宗の国教化をめざすものと受け取られてもしかたがなかった。

国立戒壇という目標

戸田の「王仏冥合論」は、聖教新聞社から刊行された『戸田城聖全集』の第一巻に収められている。興味深いのは、この文章には注がつけられている点である。というのも、『戸田城聖全集』の場合、細かな校注が施されているわけではなく、注の存在自体が珍しいからである。

その注は、全集の編纂者がつけたもので、戸田の王仏冥合論の背景には、王仏冥合＝国立戒壇という考え方があったと述べられている。そして、国立戒壇という言葉が、日蓮の仏法のなかにはなかったとされ、それが、明治から戦後にかけての一時期、一般の呼び名にならって使われたと説明されている。ただ、王仏冥合という言葉が、日蓮正宗の国教化をめざしているような誤解を招く恐れがあるので、昭和三十年代後半から使用されなくなったという。

『戸田城聖全集』第一巻が刊行されたのは、一九八一年のことである。この注には、その十年ほど前に起こった創価学会＝公明党による言論出版妨害事件の余波があった。この事件については後で詳しく述べるが、それを経て、創価学会としては、自分たちが政教一致の実現を目指していると思われることを極力排除しなければならなくなった。

事実、注のなかでも述べられているように、日蓮は国立戒壇という言葉を使っていない。「三大秘法抄」においても、その言葉は使われていない。「三大秘法抄」では、日本の国主である天皇や大臣などが、本尊を信じるようになったとき、天皇の勅宣や、摂関家や将軍家がその意思を伝える文書を通して、戒壇の建立が決定されるべきであるとされている。

国立戒壇という言葉をはじめて使ったのは、国柱会の田中智学であった。元々は日蓮宗身延派の僧侶であった田中は、宗門のあり方に飽き足らないものを感じ、還俗《げんぞく》して、立正安国会、のちの国柱会を創設した。

田中は、一九〇二（明治三十五）年に「本化妙宗式目」という独自の教学を完成させ、そのなかで国立戒壇という言葉を使った。

田中は、「国土成仏を通じて、世界統一が実現される」とし、その方法が、仏法と国家とが合致する「法国冥合」であると主張した。具体的には、「三大秘法抄」にもとづいて、本門の戒壇を建立する必要があるとし、そのためには、日本人の大勢が、田中の説く日蓮主義に帰依し、天皇による「戒壇建立の大詔」が発せられ、帝国議会においても戒壇建立が議決されなければならないとした。それによって、法華経による社会と政治の統一がはかられるというのである。

大正時代に入ると、この国立戒壇にどのような本尊を祀るべきかで議論が起こり、その議論の影響を受けて、日蓮正宗でも国立戒壇という言葉が使われるようになった。一九一二（大正元）年十月、日蓮正宗の機関誌「白蓮華」に寄稿した文章で、大阪蓮華寺の信徒、荒木清勇が使ったのが、その最初であるという。

ただ、田中が国立戒壇という言葉を最初に使い始めたとは言っても、その土台になったのは、「三大秘法抄」にある本門の戒壇の考え方だった。田中は、そこから国立戒壇論を導き出したことになる。つまり、国立戒壇という言葉自体は日蓮の教えにはないものだが、その元になる考え方は、そのなかに示されていたことになる。

牧口常三郎は、国立戒壇論には言及していなかった。一九三五年春にパンフレットとして刊行された『創価教育学体系梗概』のなかでも、本門の戒壇についてはふれているが、国立戒壇という言葉は使っていない。

創価学会のなかで、国立戒壇を強調したのは、牧口ではなく戸田であった。その点で戸田は、師である牧口ではなく、牧口が信奉することのなかった田中の教えをむしろ受け入れたことになる。そして、国立戒壇の建立ということは創価学会の政界進出に明確な目標を与えることとなったのである。

ただし、国立戒壇論の理論的な裏づけとなった「三大秘法抄」については、それが果たして日蓮の手になるものかどうか、江戸時代から議論があり、今になっても、必ずしも決着がついていない。少なくとも、三大秘法という言葉は、「三大秘法抄」にしか登場せず、他の遺文のなかには見られないのである。

「三大秘法抄」は、一二八一（弘安四）年四月、日蓮の最晩年、死の前年に執筆されたとされるが、その写本としては、慶林房日隆が一四〇八〜〇九（応永十五〜十六）年頃に書写したものと、一四〇六年に亡くなっている大石寺の日時によるものが残されている。ほかに、京都本法寺の久遠成日親が一四四二（嘉吉二）年に書写した写本が伝えられている。

執筆年代と最古の写本との間には、百三十年近い隔たりがあるわけだが、戦前において、田中の弟子であった山川智応が、「三大秘法抄」が日蓮の手になるものであると主張した。その後、偽書説の方が有力になったものの、最近では、伊藤瑞叡がコンピュータによる文体解析にもとづいて偽書ではないと主張した（『なぜいま三大秘法抄か』『三大秘法抄　なぜ真作か』隆文館）。末木文美士《ふみひこ》も『日蓮入門』で、「三大秘法抄」から導き出される国立戒壇論をユートピア論としてとらえ、それを日蓮の思想全体のなかに位置づけるべきだという主張を展開している。

このように、「三大秘法抄」の真偽をめぐっては、今でも議論が続いているわけだが、たとえ偽書だとしても、日蓮正宗の総本山、大石寺には、十五世紀から伝えられてきたことになる。創価学会では、一貫して日蓮の手になるものととらえてきた。政界への進出も、この「三大秘法抄」によって正当化された。宗教団体である創価学会が政治の世界に踏み出していったのも、そこには宗教的な目的があったからである。

各界からの批判

創価学会が巨大教団への道を歩み始め、政界へ進出していくにつれて、社会からの批判を浴びることになる。まず、そうした批判の声は、既成仏教教団から上がった。

書物になったものとしては、金子弁浄『創価学会批判』(日蓮宗宗務院、一九五五年)、土井忠雄『創価学会問答』(本願寺派宗務所内伝道所、一九五七年)、日蓮宗新聞部『大石寺と創価学会の実態』(日蓮宗宗務院、一九六〇年)、伊藤義賢『創価学会の批判』(真宗学寮、同年)、浄土真宗本願寺派布教研究所『創価学会の検討』(百華苑、一九六一年)、田中日広『日蓮正宗創価学会破折早わかり十二問答集』(本門仏立宗、同年)などがある。

日蓮宗からの批判が多いのは当然だが、浄土真宗からも創価学会批判が行われていた点が注目される。創価学会も浄土真宗も、民衆の宗教であることを特徴としている。だからこそ、浄土真宗は創価学会の急成長に危機感を抱いたのであろう。

一九五七年六月に、北海道の日本炭鉱労働組合（炭労）が、創価学会の締め出しを決定すると、創価学会の組織のなかでももっとも戦闘的だった青年部隊は八百名の行動隊を北海道に送り込み、地元の会員を動員して炭労の方針を批判する決起集会を開いた。この炭労との戦いによって、創価学会は左翼陣営、労働組合運動から強い警戒心をもたれることとなる。

創価学会が政界への進出を果たしていた点も、左翼陣営の警戒心を強めた。一九六二年には日本社会党中央党学校『創価学会――その問題点』が、六三年には日本共産党『政治にのりだす創価学会』が刊行されている。

序章でもふれたように、共産党系の学者が創価学会研究を行ったのも、この時代だった。一九五七年に刊行された佐木秋夫・小口偉一『創価学会』は、最初の創価学会研究と言える書物だった。本の大部分は、佐木が執筆しており、彼は、日本共産党系の学者だった。佐木は、マルクス、エンゲルスの『共産党宣言』をもじって、創価学会の炭労への浸透を「妖怪の出現」としてとらえていた。

創価学会の会員たちが、選挙をはじめとして政治活動に熱心だったのは、その出自が影響を与えていた。第一章で見たように、創価学会の会員となった人間たちは、高度経済成長の波に乗って地方の農村部から大都市部へ出てきたばかりで、都市のなかでは、まだ確固とした生活基盤を築くことのできていない庶民だった。彼らは、未組織の労働者であり、社会党や共産党系の労働組合運動の支持者になる可能性のある人間たちであった。

ところが、日本の労働組合は企業別組合を特徴としており、労働運動の恩恵にあずかることができるのは、大企業に就職していた労働者たちだけだった。したがって、大企業の組合に所属していない未組織の労働者は、組合運動にすら吸収されなかった。

その間隙《かんげき》をついたのが創価学会であった。創価学会は、都市部に出てきたものの、労働運動には吸収されなかった人間を入信させるのに成功した。彼らは、労働運動のさらに下に位置づけられ、社会的には徹底して差別されていた。

社会的に差別されている人間は、現行の社会秩序が崩れ、自分たちが政治的な権力を掌握することを望む。だからこそ、王仏冥合論、国立戒壇の建立という戸田城聖のアイディアは学会員たちの熱烈な支持を得ることに成功した。その意味で、政界進出を果たしてからの創価学会の運動は、たんに宗教の世界の枠にとどまらず、むしろ階級闘争としての性格をもつことになった。

もし創価学会が高度経済成長の時代に勢力を拡大することがなかったとしたら、日本の社会のあり方も大きく変わっていたかもしれない。

都市の下層階級が、創価学会や他の新宗教教団に吸収されなかったとしたら、彼らは、都市の周辺に形成されたスラムに流れ着いていたことであろう。スラムには、社会主義や共産主義の革命を志向する勢力が進出し、下層階級を組織化していく。そうなれば、革命運動が盛んになり、日本においても、社会主義、ないしは共産主義の革命が起こったかもしれない。実際、一九六〇年には大規模な反安保の運動が盛り上がりをみせ、六〇年代後半には学生運動が隆盛を極めた。そうした動きに革命運動が呼応すれば、大規模な騒乱が起こり、それが革命へと発展した可能性がなかったとは言えないだろう。

そうした状況のなかで、創価学会の存在は、日本社会の権力者、支配政党にとってはむしろ好ましい存在だったのではないか。戸田は、反共の主張を積極的に展開したわけではないし、創価学会も反共産主義の旗印を掲げたわけではない。しかし創価学会は、労働運動の間隙をつくことで、結果的に社会主義、共産主義の進出を食い止めるという機能を果たした。だからこそ、左翼陣営は創価学会の急成長を警戒せざるを得なかった。逆にこの段階では、保守陣営からは積極的な創価学会批判は展開されなかったのである。

頂点に向けて――三代・池田大作

創価学会が勢力を拡大し左翼陣営などと衝突するなかで、戸田は、一九五七年十一月二十日に病に倒れる。肝臓と糖尿を患ったのである。翌年三月には、学会が大石寺に寄進した大講堂の落成を控えていた。戸田は、十二月下旬にはいったん回復し、落成記念式典にも参加したが、それ以降、体調は悪化し、四月二日には帰らぬ人となった。享年五十八歳であった。

獄死した初代会長、牧口常三郎にかわって戦後の創価学会発展の礎を築いた戸田の死は、当時の創価学会に世代交代を迫ることとなった。ただし、戸田の跡を継ぐ池田大作が三代会長に就任するのは一九六〇年五月三日のことになる。会長が継承されるまでに、二年以上の空白が存在した。

のちに創価学会に反旗を翻した戸田門下生の一人、龍年光は、自分たち青年部の幹部四人と数人の理事で病の床にあった戸田に後継者について尋ねると、「それはお前たちで決めよ」という言葉しか返ってこなかったと述べている。

ところが、学会にいた時代の龍は、戸田が池田を後継者に指名したという物語を作り上げていた。龍は、「生涯課題の〝弟子の道〟」という文章のなかで、大石寺大講堂の落成式典が行われた一九五八年三月十六日、エレベーターの前で、戸田が池田に対して「俺はもう死んでもいい。あとはお前だよ」と強く言っている光景が焼きついていると記していた。龍は、この物語を現実化するために、「バカみたいに池田を支えました」と後に回想している。

池田は、一九二八（昭和三）年一月二日、東京府荏原《えばら》郡入新井町大字不入斗《いりやまず》（現在の大田区大森北周辺）の海苔採取業者、池田子之吉《ねのきち》、一《いち》の五男として生まれた。作家の山口瞳も、その二年前に、同じ不入斗に生まれている（以下、池田の生涯については、前掲『創価学会四十年史』、『革命の大河――創価学会四十五年史』、池田大作『人間革命』、同『私の履歴書』、縄田早苗ほか『新宗教の世界 Ⅱ』などによる）。

池田の家庭は貧しく、高等小学校に入ってからは、家業の海苔作りを手伝ったり、新聞配達などもしていた。高等小学校卒業後には新潟鉄工所に就職したが、結核にかかり、自宅で療養した。敗戦後は、新橋の印刷所で文選工として働いた後、蒲田駅裏の蒲田工業会に書記として勤務した。一九四七年八月に、のちの小樽問答に創価学会側の講師として出ることになる小平芳平に折伏され、創価学会に入会している。

池田が頭角をあらわすようになるのは、戸田の設立した日本正学館や、小口金融の東京建設信用組合で働くようになってからのことである。日本正学館は、単行本の出版がうまくいかず、創刊した雑誌も次々と廃刊され、かなりの赤字を抱えていた。東京建設信用組合の方も、大蔵省から営業停止を命じられるなど、経営が行き詰まっていた。池田は、そうした会社の経営立て直しや、新規事業の開拓に奔走し、その才能を発揮した。戸田からはその点で評価され、一九五四年には、参謀室長に就任し、創価学会の活動においても中核的な役割を担うことになる。

一九五七年四月の参議院大阪地方区の補欠選挙では、創価学会から中尾辰義が立候補したものの落選しているが、その際に、池田は、理事長の小泉隆などとともに、戸別訪問の容疑で大阪府警に逮捕された。池田は、「堂々と戸別訪問せよ。責任は私が負う」と会員に要請したという嫌疑をかけられた。

この事件では、全部で六十二名の創価学会員が起訴され、裁判にかけられた。七名が懲役刑に処せられ、ほかは罰金、公民権停止の処分を受けたが、池田と小泉は無罪になっている。しかし池田は、保釈されるまでの十三日間、大阪東署に留置された。留置された期間は異なるものの、池田は、師である戸田や牧口と同じ経験をしたことになる。

池田は、戸田が亡くなった後の一九五八年六月、会の規則で規定されていなかった新設の総務に就任した。翌五九年六月には、理事にも就任した。その時点で、総務には十一名いる理事を代表し事務局や各部を統括する役割があると規定され、池田体制が確立することになる。そして、六〇年五月三日、第二十二回本部総会で、池田は第三代の会長に就任する。その際、六四年の戸田の七回忌までに三百万世帯の折伏の達成、大石寺大客殿の建立、それに邪宗教の徹底的な粉砕を目標としてかかげた。池田の公約も、戸田のそれと同様に威勢のいいものではあったが、すでに創価学会は巨大教団への道を歩んでおり、その公約は会員たちの目に十分実現可能なものに見えたはずだ。

一九六〇年は、安保改定阻止の闘争が盛り上がりを見せた年だが、創価学会は、基本的に賛成、反対、どちらの立場にも立たず、事態を傍観した。この時点でも、創価学会は、保守陣営にとって好ましい姿勢を示したことになる。

その後、公明政治連盟や公明党の結成、衆議院への進出と続き、六七年一月の最初の衆議院選挙で二十五議席を獲得したのち、六九年十二月の衆議院選挙では、四十七議席を獲得して、大幅に議席を伸ばした。

この時代に、創価学会＝公明党は、一つの頂点を迎えたと言えよう。「潮」や「第三文明」、あるいは「公明新聞」や「公明」といった定期刊行物が次々と創刊され、東洋学術研究所（現・東洋哲学研究所）などの研究機関も創設された。一九六三年には、労働組合を母体にした労音（勤労者音楽協議会）に対抗し、民音（民主音楽協会）が設立されている。また、学校経営にも進出し、六八年、東京小平に創価中学・高校を設立したのを皮切りに、小学校や大学、女子短大を作った。また関西には小学校から高校、札幌では幼稚園を設立した。こうした機関や学校の創設者は、すべて池田であるとされている。

自公連立のきっかけ

しかし、時代は大きく変わろうとしていた。それは、戦後の日本社会の変化が生み出した創価学会という巨大教団の行方に影を落とすことにもなったのである。

一九六〇年代後半には、学生運動が盛り上がり、六九年一月には東大安田講堂の籠城戦が起こる。そこには、十数年にわたって続いた日本の高度経済成長路線が曲がり角に差しかかっていたことが関係していた。そして、高度経済成長の時代が終わりを告げようとしているなかで、その時代に爆発的に勢力を拡大した創価学会も、曲がり角を迎えざるを得なかったのである。

公明党が国会や地方議会で数多くの議席を獲得するようになっていけば、当然、それを警戒する動きが生まれる。次第に、創価学会＝公明党を批判するような書物や論考が発表されるようになっていく。なかでも、創価学会＝公明党を揺るがすほどの事件を生むきっかけになったのが、明治大学教授で政治評論家の藤原弘達が刊行した『創価学会を斬る』という書物であった。

この書物は一九六九年十一月に刊行されているが、その「まえがき」では、この本が出版されるまでに、創価学会＝公明党からさまざまな圧力がかけられたことが記されている。

藤原によれば、十月に、「政府与党の最要職にある有名な政治家」から直接電話があり、「〝創価学会を斬る〟という本を出さないようにしてくれ、という公明党竹入委員長からの強い要請・依頼をうけての早朝電話である」と言われたという。ここで藤原は名前をあげてはいないが、この有名な政治家とは、当時、自由民主党の幹事長であった田中角栄のことだった。

創価学会＝公明党と、田中、ないしは田中派とは密接な関係があった。それを象徴する出来事となるのが一九七二年の日中国交回復だった。公明党の委員長だった竹入義勝は田中の密命を帯びて訪中し、周恩来首相と会見した。これをきっかけに、田中の電撃的な訪中が行われ、日中国交回復が実現する。その後も、消費税導入の際には、田中の跡を継いだ竹下登首相と公明党の矢野絢也委員長のラインが形成されていて、公明党は自民党に助け船を出した。こうしたことが、今日の自民党と公明党との連立へと結びついていく。

そのきっかけを作ったのが、このときの出来事であったとされるが、創価学会＝公明党と田中派とが結びつく社会的な背景があった。すでにくり返し指摘したように、創価学会の会員となったのは、高度経済成長の波に乗って農村から都会へと出てきた人間たちだったが、その時点で農村に残った人間に利益誘導という政治的な救いの手を差し伸べようとしたのが田中角栄であり、田中派であった。つまり、創価学会＝公明党と田中派とは、元々は同じ対象を支持者として取り込んでいったのである。

田中以外に、公明党の都議会議員や学会員からも、『創価学会を斬る』を出させまいとするさまざまな圧力が藤原自身や出版社に対してかけられた。題名の変更を求めたり、出版時期を総選挙後にずらして欲しいといった要求から、全部買い取るので書店に並べないようにして欲しいという勧誘までなされたという。

たしかに、この『創価学会を斬る』は、創価学会の政界進出を批判した本だった。藤原は、創価学会＝公明党の「七つの大罪」をあげ、池田大作を創価学会の天皇と呼んでいる。そして、当時の創価学会が、自民党との連立政権をねらっているのではないかと予測している。この予測は、三十年後に現実のものとなるわけだが、連立を組んだときに、池田自身が「総理大臣への展望をもった何らかの大臣になれるというときに公明党委員長として乗り込んでくるのではないか」という予測は、今のところ的中していない。

大義をなくした政治活動

ほかにも、創価学会＝公明党を批判する本に対して、学会の側からさまざまな圧力がかかっていることが判明した。これによって、創価学会は窮地に立たされることになり、大幅な路線の転換を迫られることになる。

池田は、自らの会長就任からちょうど十年目にあたる一九七〇年五月三日の第三十三回本部総会で、『創価学会を斬る』などに対する言論出版妨害事件について、「関係者をはじめ、国民の皆さんに多大のご迷惑をおかけしたことを率直にお詫び申し上げる」「今後は、二度と、同じ轍《てつ》を踏んではならぬ、と猛省したい」と陳謝した。

そして、池田自身の政界不出馬、国立戒壇の否定、創価学会と公明党との政教分離の明確化、強引な折伏活動の停止を約束した。実際、公明党の議員は、兼職していた創価学会の役職を離れていった。

これは、創価学会にとってははじめての決定的な挫折の体験だった。それまでも、創価学会が批判を受けなかったわけではないし、日蓮宗を中心とした既成仏教教団や、日本共産党系の労働組合運動などと衝突することはあった。しかし、創価学会が自分たちの非を認めざるを得なかったのは、これがはじめてのことだった。

しかも、公明党との政教分離を明確化し、国立戒壇建立の目的を放棄することで、創価学会の政治活動は大義を失うこととなった。もちろん、国立戒壇の建立だけが公明党結成の目的ではないにしても、学会員が選挙に自分たちのすべてを賭ける意味はなくなってしまったのである。

その上、会長自身が組織の誤りを認めざるを得なかったことも、創価学会にとって痛手だった。それまで強烈な折伏を展開できたのも、創価学会には誤りはないという学会員の確信があったからだった。その確信がなくなってしまえば、強烈な折伏自体が不可能になる。

公明党は、この事件を受けて一九七〇年に新しい綱領を定める。そこでは仏教用語は使われなくなり、党の性格は国民政党と規定された。また、大衆福祉の実現を政治活動の中心にすえるようになり、保守政党や革新政党とは一線を画した中道路線を掲げることとなった。

創価学会に入会した都市の庶民たちは、まさに福祉の対象となる社会階層に属しており、福祉の向上を望んでいた。それ以降、公明党の議員たちは、学会員の福祉向上をめざして、「どぶ板政治」に邁進していくことになる。

しかし、言論出版妨害事件以降最初の衆議院議員選挙となった一九七二年に、公明党は四十七議席から二十九議席へと大幅に議席を減らした。創価学会＝公明党への世間の風当たりが強かった上に、これまでのような組織を上げての熱心な選挙活動がやりにくかったからである。

また、言論出版妨害事件を契機に、創価学会＝公明党を批判する書物や記事が数多く出版、発表されるようになっていく。創価学会をもっぱら批判した記事を執筆する「学会ウォッチャー」も出現し、それに反比例して、創価学会＝公明党を客観的な立場から論評した書物や記事は、かえって減少していくことになる。

言論出版妨害事件の余波

言論出版妨害事件直後の創価学会は、混乱し、迷走をくり返していたように見える。

一九七四年十二月には、二十年にわたって支持者の獲得で鍔迫《つばぜ》り合いを演じてきた日本共産党との和解をめざして、「創価学会と日本共産党との合意についての協定」、いわゆる「創共協定」を結んだ。この協定は翌年七月に公表され、世間を驚かせた。作家の松本清張がその橋渡しをしたとされるが、支持者獲得合戦が過熱化し、協定を結んでその沈静化をはからなければならない状態にまで立ち至っていたものと思われる。しかし創共協定は、すぐに反古《ほご》同然となる。

一九八〇年には、言論出版妨害事件の当時、創価学会の顧問弁護士であった山崎正友を中心としたグループが、学会批判の急先鋒にいた日本共産党の宮本顕治書記長の電話を盗聴していたことが明るみに出た。これで、創共協定は、事実上死文化した。また、山崎らのグループは、敵対関係にあった妙信講（現在の顕正会）に対しても盗聴を行っていた。こうした事件が発覚したことで、ふたたび創価学会は世間やジャーナリズムの批判の矢面に立たされることになる。

妙信講は、創価学会と同様に、日蓮正宗の信徒団体であった。その創立は戦時中の一九四二年のことで、浅井甚兵衛ほか十五世帯で結成された。妙信講は、日蓮正宗の教えを忠実に守ろうとし、日蓮を本仏とすること、国立戒壇の建立を目的とすること、板曼荼羅本尊を唯一絶対の本尊とすること、血脈相承による正統派意識をもっていることを特徴としていた。そして、創価学会以上に戦闘的で、非妥協的な姿勢をとってきた。

妙信講は、言論出版妨害事件の直後、日蓮正宗の宗務院と創価学会の首脳に、「正本堂に就き宗務当局に糾し訴う」という文書を送付し、創価学会の路線転換を批判し、あくまで国立戒壇の建立を目的とするよう訴えた。しかし、日蓮正宗の側は、創価学会の主張を認め、一九七四年八月に妙信講を破門した。

妙信講は、一九八二年十月には日蓮正宗顕正会と改称し、九六年十一月には、さらに冨士大石寺顕正会へと名称を変更、宗教法人格を取得した。現在、会員は五十万人を超えるとされる。創価学会と比較した場合、その規模は小さいが、言論出版妨害事件で路線転換する以前の創価学会と似た強力な折伏を行い、創価学会に疑問や不満をもつ会員たちをも取り込んできている。顕正会は、創価学会の分派というわけではないが、学会を批判する有力な組織であることは間違いない。

こうした事態を受けて、創価学会としては、言論出版妨害事件まで折伏や選挙活動に向けられていた会員たちの強烈なエネルギーの捌《は》け口を別に用意しなければならなくなった。そうしなければ、内部批判が起こり組織にほころびが生まれる可能性があった。

創価学会が、とくに若い会員のエネルギーの捌け口として用意したものが、世界青年平和文化祭であった。親から信仰を受け継いだ学会二世や三世を中心とした若い学会員たちは、巨大なスタジアムで一糸乱れぬ人文字やマスゲームを披露し、組織の団結力を示した。創価学会は、若い会員の捌け口を用意し、彼らを組織のなかに取り込むことで、組織が瓦解する危機を乗り越えようとしたのである。

在家仏教教団として

創価学会にかぎらず、戦後に巨大教団への道を歩んだ新宗教教団は、折伏に代表される強力な布教活動によって信者を増やしていった。布教され、信仰をもつようになった信者たちは、信仰に確信を抱いたからこそ信者になったのであり、その分、活動に熱心であった。

しかし問題は、その信仰をいかに後の世代に伝えていくかというところにあった。多くの新宗教教団では、信仰は必ずしも次の世代に受け継がれてはいかなかった。その点で、創価学会は、強力な折伏を停止せざるを得なくなった状況のなかで、子どもや孫たちへ信仰を継承していく方向へと転換し、それに成功することができた。そこには、第一章で指摘したように、創価学会には、日蓮正宗という出家集団が存在し、葬儀を契機に、伝統的な家の信仰に復帰する可能性が低く抑えられていたことが影響していた。

その意味で、路線の転換は時代の変化にもとづく必然的なものであった。仮に、言論出版妨害事件が起こらなかったとしても、創価学会は遠からず、外へ向かっての折伏から、内へ向かっての信仰の継承へと方向性を転換しなければならなかった。既成仏教に見られるように、「家の宗教」への転換がはかられなければ、教団の永続的な維持は難しいのである。

このように、創価学会は言論出版妨害事件以降、大きく揺れ動くことになり、危機を迎える。そうした状況に対して創価学会が打ち出した方針が、信仰を次世代へ継承するとともに、在家仏教教団としての性格を強化するという方向性であった。つまり、創価学会は、宗門である日蓮正宗から距離をおこうとするようになっていくのである。

一九七七年一月、池田は第九回教学部大会において、「仏教史観を語る」と題して講演を行い、創価学会は在家出家の両方に通じる役割を果たしているから供養を受ける資格があるとし、創価学会の会館や研修所こそが近代における寺院であると述べた。さらに、信心の血脈は創価学会に受け継がれているとし、池田自らが執筆したとされる小説『人間革命』こそが、日蓮の遺文を集めた御書《ごしょ》に匹敵する現代の御書であると位置づけた。

これに対して、日蓮正宗の側は、池田会長の主張は教義から逸脱していると批判し、僧侶のなかからも創価学会を批判する動きが生まれた。この段階では、創価学会はまだ日蓮正宗との関係を切ることができず、けっきょくは日蓮正宗の教義からの逸脱を認めて、宗門に対して謝罪することとなった。翌一九七八年十一月、池田は大石寺への「お詫び登山」を行う。七九年四月には、混乱の責任をとるかたちで池田は会長を辞任し、名誉会長に退いた。また、日蓮正宗信徒の最高位である法華講総講頭も辞任した。

これは、言論出版妨害事件に続く創価学会にとっての決定的な危機であり、脱会者も続出した。創価学会を脱会した人間たちは、日蓮正宗の檀徒となり、全国檀徒会が結成された。全国檀徒会は、創価学会に対抗して「正信覚醒運動」を展開し、創価学会員を脱会させようと試みた。

創価学会と日蓮正宗とのかかわりは、初代会長の牧口常三郎が日蓮正宗に入信したときにはじまるが、最初から両者の関係には微妙なずれがあった。日蓮正宗に帰依した牧口は、日蓮正宗の教えを受け入れ、宗教活動を展開したわけだが、彼の宗教思想は、日蓮正宗の教義そのものではなかった。

牧口が特高第二課の刑事によって検挙されたときの訊問調書の抜萃《ばっすい》が残されているが、創価教育学会の信仰理念が依拠するところは日蓮正宗に相違ないのかという問いに対して、牧口は、日蓮正宗に所属していることは間違いないが、創価教育学会そのものは、「日蓮正宗の信仰に私の価値創造論を採入れた処の立派な一個の在家的信仰団体であり」、そこに「特異性がある」と述べていた。

牧口は、日蓮正宗の信仰を受け入れた上で、それに自らの宗教思想、価値創造論を加味したものを創価教育学会の信仰の核にすえていた。それは、戦後の戸田城聖にも受け継がれ、戸田は、さらにそこに彼が獄中で到達したとされる生命論を付け加えた。また戸田は、牧口の価値創造論を補訂し、『価値論』（創価学会）として刊行した。

そこに、創価学会と日蓮正宗との間に微妙なずれが生み出されていく原因があった。創価学会は、日蓮正宗を外護《げご》する在家仏教教団として位置づけられてはいたが、独自に宗教法人を組織し、その点では、出家仏教教団である日蓮正宗と一線を画していたのだった。

蜜月の時代

創価学会が巨大教団への道を歩む上で、日蓮正宗と密接な関係を結んでいることは有利に働いた。まず、日蓮正宗の教学をもとに、信仰の正統性を主張できた。そして、第一章の最後の部分でもふれたように、葬儀を営む際に、日蓮正宗の僧侶に導師を依頼することができ、葬儀を契機に会員たちが既成仏教教団へと回帰していくことを防止することができた。

そうした関係は、日蓮正宗の側にも大きなメリットがあった。牧口が日蓮正宗に入信した昭和初期の段階で、日蓮正宗はわずか五十カ寺程度の末寺をかかえる弱小教団にすぎなかった。

ところが、戦後、創価学会の会員が飛躍的に増加すると、会員たちは入会と同時に日蓮正宗の檀徒となり、日蓮正宗の信者数も飛躍的な伸びを見せた。しかも、創価学会の会員たちは、日蓮正宗の各寺院の檀家となった。

問題は、その数がきわめて多かったことにある。一般の仏教寺院では、二百軒から三百軒程度の檀家をかかえているのが普通だが、日蓮正宗寺院の場合、数千軒から一万軒、さらには二万軒もの檀家をかかえることになったのである。

一般の寺院では、寺が所有する墓地に墓をもつ家が檀家となるわけで、檀家の数は墓地の広さによって決まってくることになる。檀家の数が多ければ、葬儀や法事の数も多く、寺院の経営基盤は安定する。しかし、特に都市部では土地の値段が高いため、檀家を増やそうとしても、墓地を広げられないことが多い。ところが、創価学会の会員の場合には、寺に墓地がなくても、日蓮正宗の寺の檀家になってくれたのである。

たとえば、和歌山県にある日蓮正宗の一寺院の場合だが、宗門が創価学会と決別する以前、一万軒の檀家をかかえていた。毎月の葬儀は平均で三十件にのぼり、一周忌以内の法事が月に百件あった。ほかに、建物の上棟式や墓を新しく作ったときの開眼《かいげん》供養もあった。創価学会では、他宗教・他宗派の信仰を認めておらず、上棟式を神式ですることはなかったのである。

さらに、結婚式も、葬儀と同じだけの数があった。こうした各種の儀礼を、住職と本山から派遣された僧侶の二人でこなしていた。この寺の場合、本山の大石寺への上納金は、年間で一千万円にもおよんでいた。この例から考えて、日蓮正宗寺院には、どこでも莫大な収入があったと考えられる（高橋繁行「学会対日蓮正宗の人間ドラマ」『となりの創価学会』）。

創価学会は、寺院の不足をおぎなうために、次々と寺院を寄進していった。戸田が折伏大行進の大号令をかけた直後の一九五七年までは、寄進された寺院はわずか十三カ寺にとどまっていたが、七九年には二百三十八カ寺におよび、創価学会が日蓮正宗から破門される直前の一九九〇年までには三百五十六カ寺にまで達した。もし日蓮正宗から破門されなければ、創価学会はさらに百カ寺の寄進を予定していたという。

本山の大石寺には、創価学会の寄進によって正本堂が建立され、戸田が幸福製造器と呼んだ本尊が安置されていた。建立のための資金を集める供養を行った際には、五十億円を目標としていたものの、わずか四日間で三百五十五億円もの金が集まった。そして、学会員が、「登山」と称して大石寺に参拝すれば、本尊を拝むために、数千円の開扉料を支払う仕組みになっていた。本山には、莫大な金が流れることとなったのである(『創価学会解剖』)。

大石寺をはじめとする日蓮正宗の寺院が隆盛を迎えることは、すなわち創価学会が躍進を遂げたということを意味した。その点で、大石寺をはじめとする日蓮正宗寺院の隆盛は、創価学会員にとって、自分たちの成功を目に見える形で示す象徴的な存在であった。

全面対立と決別

しかし、創価学会と日蓮正宗とは、あくまで別組織であり、在家と出家ということで、性格も異にしていた。創価学会から金が流れ続けることで、日蓮正宗に対する創価学会の発言力は自ずと強いものになってはいったが、どちらの側にも、在家よりも出家の方が地位が上だという感覚があり、創価学会が日蓮正宗の宗門を自分たちの意のままに動かせたわけではない。

創価学会が日蓮正宗からの離脱を試みたのも、こうした構造があったからだろう。創価学会が日蓮正宗を外護しているという関係が続くかぎり、その構造は変わらない。しかも、会員の金は、創価学会の組織を通り越して日蓮正宗へと流れてしまう。もしその金を、創価学会の組織の発展のために使ったならば、どれだけ活動の幅が広がることだろうか。創価学会の側が、そのように考えたとしても不思議ではないだろう。

しかも、大石寺や日蓮正宗の各寺院に莫大な金が流れ込んでいけば、僧侶の生活は自ずと豊かで華美な方向に傾いていく。創価学会の側は、日蓮正宗の僧侶たちは堕落していると批判し続けているが、莫大な金を前にして、肉食《にくじき》・妻帯をしない品行の正しい僧侶、清僧であることは容易なことではない。創価学会の側でも、自分たちが寄進した立派な正本堂には、豪華な僧服を身にまとった僧侶がふさわしいと考えたはずである。

こうした点を考えれば、創価学会が日蓮正宗と決別する方向に踏み出すのは、必然的なことであった。一九七〇年代の終わりに、創価学会が脱日蓮正宗化をめざしたとき、その試みは失敗に終わった。しかし、根本的な構造は変化しておらず、創価学会が脱日蓮正宗化に再び踏み出す可能性は潜在的な形で残されていた。

一九九〇年七月十七日、創価学会と日蓮正宗との連絡会議の席上で、創価学会の側が日蓮正宗の宗門や法主を批判して、席を立ったのが発端だった。その後、十一月十六日の第三十五回本部幹部会での池田のスピーチが日蓮正宗の法主や僧侶を軽視するものだとして、翌月、日蓮正宗が創価学会に釈明を求める「お尋ね」文書を送付した。

創価学会の側が、むしろ日蓮正宗の法主や僧侶が自分たちを誹謗《ひぼう》中傷しているとつっぱねたため、日蓮正宗の側は規約を改正し、池田がつとめてきた総講頭の役職を喪失させ、信徒総代としての地位を奪う処置に出た。池田は、最初の宗門との対立の責任をとって、総講頭を辞任していたが、一九八四年一月には再び就任していた。これによって、両者は全面的な対立状態に陥り、創価学会は、年が明けると、「聖教新聞」の紙上で日蓮正宗批判のキャンペーンを展開し、日蓮正宗の側は一九九一年十一月に創価学会とその国際組織である創価学会インタナショナル（ＳＧＩ）を破門とした。両者は決別の道を歩むことになり、その事態は今日まで続いている。

前回は、創価学会の側が日蓮正宗に屈伏することで事態は収拾されたが、今回は、創価学会の側が屈伏することはなかった。日蓮正宗と決別する上においては、本尊をどうするかといったことが大きな問題となったが、現実的には、なによりも葬儀をどうするかが問題になった。それまで、創価学会員が葬儀を出す場合、日蓮正宗の僧侶に導師を依頼し、日蓮正宗の形式にのっとって葬儀を行っていた。

創価学会は、日蓮正宗式の葬儀のかわりに、会員が導師をつとめる「学会葬」、ないしは「同志葬」と呼ばれる葬儀の実践に踏み切った。やがてそれは「友人葬」と呼ばれるようになるが、僧侶を呼ばず、自前で葬儀をあげる方向に踏み出したということは、創価学会が在家仏教教団としての性格をより明確なものとして打ち出したことを意味した。

その後も、創価学会と日蓮正宗とはお互いの批判を続け、和解の兆しはまったく見られない。そうした事態はすでに十五年近く続いており、今後、どちらかの組織に大きな変化が見られないかぎり、元の鞘《さや》におさまるとは考えられないであろう。

創価学会は、二〇〇二年四月一日に、会則を改正している。この改正においては、牧口常三郎、戸田城聖、池田大作へと連なる三代の会長の存在意義が強調され、そこに創価学会の信仰の正統性が求められるようになった。そして、日蓮正宗についての記述は削除されている。

以前の会則においては、「日蓮正宗の教義に基づき、日蓮大聖人を末法の御本仏と仰ぎ、日蓮正宗総本山大石寺に安置せられている弘安二年十月十二日の本門戒壇の大御本尊を根本とする」と定められていたが、新しい会則では、「日蓮大聖人を末法の御本仏と仰ぎ、一閻浮提総与《いちえんぶだいそうよ》・三大秘法の大御本尊を信受し、日蓮大聖人の御書を根本として、日蓮大聖人の御遺命たる一閻浮提広宣流布を実現することを大願とする」と改められている。新しい会則は、創価学会の脱日蓮正宗化を明確に示しているのである。

第三章　カリスマの実像と機能

独裁的権力者への批判

創価学会と聞けば、多くの人たちは、現在名誉会長の地位にある池田大作のことを思い起こすのではないだろうか。よきにつけ悪しきにつけ、池田が創価学会の顔であることは間違いない。

その池田について、ジャーナリズムが伝えてきたのは、巨大教団の独裁者、権力者としての姿である。たとえば、山田直樹『創価学会とは何か』では、池田について、「彼の人生を振り返ると少年・青年期の貧困や病気、そして学歴へのコンプレックスや怨念が、権力を手中にした途端、それまでの鬱憤を晴らすかのように一気に解き放たれたと思えてならない」と述べられている。そして、会長就任から五年後の一九六五（昭和四十）年、三十七歳の池田にインタビューした評論家の高瀬広居の『人間革命をめざす池田大作――その思想と生き方』（有紀書房）にある次の一節が紹介されている。

「池田会長は、モダンな本部応接室のアームチェアーにアグラをかき直すと、煙草を一服し、静かに、そして激しい語気でいった。

『私は、日本の国主であり、大統領であり、精神界の王者であり、思想文化一切の指導者・最高権力者である』

同席の大幹部数人は深く肯《うなず》き、息をのんだ」

『創価学会とは何か』では、池田が独裁者であることを示す証拠として、次のような池田の発言が引用されている。

「勝つか負けるか。やられたらやりかえせ。世間などなんだ。私は恐れなど微塵もない。勇者は私だ（埼玉指導　八九年三月十二日）」

「宗門の悪侶、学会の反逆者を書き連ね、その罪科を、血涙をもって後世に残したい。永久追放の証としたい（九四年九月二日付聖教新聞）」

「師である私が迫害を受けている。仇を討て。言われたら言い返す。打ち返す。切り返す。叫ばなければ負けである。戸田先生も、牧口先生の仇をとると立ち上がった。私も戸田先生の仇を取るために立った。私の仇を討つのは、創価同窓の諸君だ（九六年十一月三日「創価同窓の集い」にて）」

同書でも指摘されているように、最近では、ジャーナリズムの世界で創価学会を批判する声はほとんどあがらなくなり、逆に、創価学会を擁護し、場合によってはそのあり方を礼賛する報道などが増えている。しかし、これまでジャーナリズムはおおむね創価学会に対して批判的で、独裁者、権力者としての池田大作のことを問題にするものが少なくなかった。

偉大なる指導者への賛辞

これに対して、創価学会の側は、人類の平和と幸福の実現をめざして世界的に活躍する、優れた宗教家として池田大作を描こうとしている。

創価学会インタナショナルの雑誌「グラフＳＧＩ」では、毎号、池田の活動と彼に対する世界からの評価が特集されている。たとえば、二〇〇四年二月号では、池田が世界各国から贈られた名誉市民証が特集されている。それによれば、池田は、一九七二年にアメリカの三十二の市から市民証を贈られたのを皮切りに、これまで三百三十八の市から市民証を贈られているという。

こうした市民証は、創価学会インタナショナルの活動に対して、各市から贈られたものである。二〇〇三年に、台湾やブラジルの各市から市民証が贈られているのは、台湾では、創価学会インタナショナル主催で「自然との共生展」が開かれ、ブラジルでは、創価学会インタナショナルの学生部・高等部主催で「学生市民運動」が展開されたからである。ただし、「グラフSGI」誌では、池田個人の功績が各市において認められたかのような書き方がされている。

創価学会インタナショナルでは、近年、平和活動家としての池田の姿を打ち出そうとし、その活動を紹介するために、世界各地で「ガンジー・キング・イケダ展」を開いている。ガンジーとは、インドの独立運動を率い、非暴力の思想を説いたマハトマ・ガンジーであり、キングとは、アメリカで黒人に対する差別の撤廃を求めて公民権運動を展開したマーチン・ルーサー・キング牧師のことである。ガンジーとキングの功績は世界的に高く評価されているが、果たして池田に二人に匹敵するだけの具体的な功績があるのかどうか、疑問に思う人は少なくないだろう。

ただし池田は、世界の著名人と対談を行い、それを書物として刊行してきている。対談相手は多岐にわたるが、そのなかにはアーノルド・トインビー、アンドレ・マルロー、ヘンリー・キッシンジャー、ミハイル・ゴルバチョフなどが含まれている。そうした著名人は、池田の発言や人物像を高く評価しているように見える。

また池田は、創価学会の会員たちからは、詩人や写真家としても高く評価されている。池田は、創価学会の各部署の記念式典などでは詩を贈ることを習いとしており、機関誌の「大白蓮華」の表紙を飾るのは、池田が撮影した世界各地の風景写真なのである。

学会員は、そうした池田のことを崇拝しており、直接池田に会うことができれば、感激して涙を流す者も少なくない。若い会員は、話のなかで頻繁に池田のスピーチを引用するし、幹部たちでさえ、幹部会の席上で池田から呼びかけられれば、まるで子どものような従順さで、一斉に「はい」と答える。たとえば、谷川佳樹青年部長（当時。現在は副会長）は、かつて私のインタビューに答えて、池田と会員との強い絆について、次のように強調していた。
「これはほんの一例ですが、学会の場合、池田名誉会長が一人ひとりの会員と紡いだ糸が太くなって、強い組織を作りあげているんです。それがどれほどの努力と誠意と行動によって支えられているのか、その行動の先頭に立ってきたのがほかならぬ名誉会長であることは会員なら誰もが実感していることなんですが、学会を巨大な組織としてだけ論評する人びとにはそういう視点がまったくないのです」（「学会の強さはシンプルであること」『となりの創価学会』）
谷川自身、一時期、池田と会うたびに、結婚の話をもちだされ、「男の人生は結婚で決まるんだ」とくり返し強調されたと語っている。谷川はそこに、池田の会員個人に対する気配りを見ている。他の会員たちも、池田がいかに個々の会員を大事にしているかを強調している。
このように、創価学会員がとらえる、あるいは創価学会が組織として打ち出そうとしている池田大作像は、世界の著名人と深い友情で結ばれ、高い評価を受けた平和活動家でありながら、会員個々人のことをつねに気にかけてくれるこころ優しい指導者というものである。それは、ジャーナリズムが伝えてきたものと大きく異なっている。

そうした池田大作像を、会員全体に浸透させる上で大きな役割を果たしたのが、池田自身の著作とされる小説『人間革命』であった。『人間革命』は、戸田城聖著とされる『人間革命』を引き継ぐ形で、一九六五年から「聖教新聞」に連載され、連載後は十二巻の書物にまとめられた。そのなかでは、敗戦直前に保釈された戸田が、創価教育学会を創価学会と改称して立て直し、巨大宗教団体に育て上げたところで亡くなるまでが描かれている。『人間革命』は、小説ではあるものの、創価学会の教学を学ぶ上で必須の文献とされ、そこに描かれた事柄は、会員たちに歴史上の事実としてとらえられてきた。

池田自身は、『人間革命』のなかに山本伸一という名前で登場する。戸田以下が実名で登場するのとは対照的だが、そのせいか、山本はかなり理想化されて描かれている。彼は、師である戸田の遺志を正確に受け継ぐ、高潔で純粋な人物でありながら、巨大組織を作り上げていけるだけの実力を備えた申し分のない指導者として描かれている。しかし、山本青年は、あまりに優等生的であるため、人間臭さに欠けている点は否めない。『人間革命』は、創価学会系の映画・音楽制作会社、シナノ企画によって映画化されている。脚本を担当したのは橋本忍で、『人間革命』と『続人間革命』の二本の映画が制作されている。戸田を丹波哲郎が演じ、山本をあおい輝彦が演じたが、強烈な印象を残した丹波の戸田に比べて、あおいの山本には、多くの会員を引きつけるだけのカリスマ性が欠けていた。

人を惹きつける率直さ

このように、メディアが伝えてきた池田大作像と、創価学会の組織が示そうとする池田大作像は、大きく異なっている。創価学会の内側にいるのか、それとも外側に位置しているのかで、同じ人物が、まったく異なるイメージで受け取られているのである。

では、池田に接したことのある外部の人間は、彼のことをどのように見ているのだろうか。そうしたものは決して多くはないが、そこには、メディアが伝えてきたものとも、あるいは創価学会が作り上げようとしてきたものとも若干異なる池田の姿が示されている。

池田に対する主なインタビューとしては、「文藝春秋」一九六八年二月号に掲載された「戦争と貧困はなくせるか」、「現代」一九八〇年四月号の「ゆれ動く創価学会・公明党の内幕」、それに「中央公論」一九九五年四月号の『戦後50年の生き証人』に聞く」がある。それぞれ作家の松本清張、ジャーナリストの内藤国夫、田原総一朗が聞き手となっている。

松本清張が池田にインタビューを行ったのは、公明党がはじめて衆議院に進出した翌年のことだった。松本も、宗教と政治との関係について池田に問い質しているが、公明党が政界のキャスティングボートを握る可能性があるのではという松本の質問に、池田は、「なりたいもんですね」と率直に答えている。この部分は、今日の事態を予言しているかのように読める。

さらに松本が、公明党の議員は「池田会長の指示なり意図なりに従って行動していると思う」と意見を述べたのに対して、池田は、「みんなまわりが偉い人ばかりなので、反対に皆さん方にかかえられているのが実相ですよ。(笑)」と、質問をかわしている。

このインタビューの終わりには、松本が「話のあと」という文章を寄稿しているが、そのなかで松本は、はじめて会った池田が、創価学会の機関誌に見られる「権威と貫禄」を感じさせる顔とは違い、「遇ってみると人なつこい青年である」と述べ、池田が時間の都合をつけて一人でやって来たことにもふれ、その点について「几帳面な態度である」と評価している。松本は、第二章でふれた創共協定の橋渡しをしたとされるが、このときに感じた池田の率直さへの評価が、橋渡しをすることに結びついたのかもしれない。

内藤国夫によるインタビューは、その十二年後に行われているが、創価学会をめぐる状況は、その間に大きく変化していた。創価学会＝公明党は言論出版妨害事件を起こし、宗門である日蓮正宗との確執も表面化していた。事態は、創価学会の側が謝罪することでいったんはおさまったわけだが、創価学会に対する疑惑を問い質そうとする内藤の執拗さには、そうした時代背景がかかわっていた。

しかし池田は、内藤の挑発的な質問には乗らず、それまでの創価学会に誤解を生む部分があったことを認め、その点を反省している。池田自身の発言についても、行き過ぎがあったことを率直に認めて反省し、あくまで謙虚な姿勢を貫いている。内藤も、松本と同様に、「会ってみれば普通の人ですものね」という感想をもらしている。

もう一つ、松本によるインタビューと共通していたのは、インタビューが余人を交えず二人きりで行われたという点だった。

とくに内藤の場合には、たんなるジャーナリストではなかった。一九六九年に刊行された内藤の著作『公明党の素顔』（エール出版社）は、『創価学会を斬る』と同様に、出版を妨害されていた。そこから内藤は、創価学会批判をくり広げるようになっていた。時期が時期だけに、創価学会の側には、学会に対して批判的な内藤のインタビューを受けることにかなりの抵抗があったらしい。最終的には、池田が決断することでインタビューが実現した。池田は、インタビューのはじめに、「どうぞ、どうぞ、なんでも質問してください。もう覚悟しておりますから」と発言している。

松本も内藤も、メディアが伝えてきた独裁者、権力者としての池田大作というイメージが崩れたとし、インタビューにはあくまで一人で臨むという池田の果敢さを評価している。

庶民の顔

同様の印象を受けているのが、「婦人とくらし」一九七四年一月号に掲載されたルポルタージュ、「昭和四十九年・新春おもてなしの心・池田大作さんご一家」の筆者、児玉隆也である。このルポは、池田の日常の暮らしをうかがうことができるという点で貴重な記録となっている。

児玉は、そのルポを、二つのエピソードから書きはじめている。

一つは、彼が以前雑誌の編集者をしていたときに、額に前髪が数本垂れ、右手をぐいと前面に突き出した池田の写真を使ったところ、イメージが歪められるとして創価学会本部の人間の逆鱗《げきりん》にふれたという話である。

もう一つは、数年前の夏のフェスティバルで見た池田の姿で、拍手に迎えられて入ってきた池田は、まず両脇の草花に目をとめ、腰をかがめて花の匂いをかいだあと、会長席に座ったが、そこにだけテントが張られているのに気づくと、「取りはらえ！」と、猛烈に怒った。また、演奏がはじまり、ラッパが音程を少しふみはずすと、名誉会長は「おならみたいな音だね。がんばれ、がんばれ」と、それまで涙を浮かべて「センセーイ」と叫んでいた会員たちを大いに笑わせたというのである。

児玉は、写真にクレームをつけたのが池田本人であると考え、はじめは彼に対して「愉快でない記憶」をもったが、夏のフェスティバルでの体験から、それが「実は池田氏の真意とは相当に距離のあるアクシデントであった」と思うようになり、「とすればなお、自分の真意が伝わらぬもどかしさというもう一つのつらい立ち場を、氏は背負っていることになる」と述べ、巨大組織のリーダーに対して、かなり同情的な姿勢を示している。

児玉が強調するのは、まず第一に、池田家のつましい暮らしぶりであった。家は借家で家賃は八万円。食費は、息子が三人いるために月五万円。玄関の壁には、東山魁夷の小品が飾られてはいるが、これは本部からの借り物。正月風景を演出するために、立派な茶の道具がそろえられているが、これも全部が借り物。部屋はつごう七部屋あるが、三部屋は三人の息子によって占領され、夫人は息子たちが学校に出かける準備のために身支度をする際に激務の夫の目をさましてはいけないと、二階の廊下にじゅうたんを敷いて寝ているというのである。

また児玉は、家庭における池田の飾らない姿をつづっていく。普段は、真冬でも家のなかでは浴衣に半纏《はんてん》を引っかけただけで、着物を着るのは年に一度あるかないかという池田は、うまく結べない羽織の紐と格闘しながら児玉の前にあらわれ、最初は「ね、ちんどんやみたいでしょう」と言ったが、それから居ずまいを正して、「本日はご苦労さまです」とあいさつしたという。夫人についても、「愚妻でございます」と紹介した。

さらに、児玉は江戸っ子である池田の言葉に「ひ」と「し」が入り交じり、「元日のし(日)に本山に行きます」となることや、夫人の肩をなにかといえば「ポン」と叩く癖を紹介している。児玉は、「かまわない、かまわない」ポンという池田のふるまいに対して、「池田氏は、人間が文化や教養という衣裳を身ぐるみ脱ぎ捨てた、いちばん最初にして最後に残る原始本能を核のように身につけていて、その上にA・トインビー博士との対話をはじめとする、何重もの衣裳をまとっている人のようだった」と、それを池田の多面性のあらわれとして解釈している。

そして児玉は、次のようなエピソードを紹介している。

「『いじわるな質問は終わりですか?』と、笑いながら聞かれた。私は『こういう質問はほとほと面倒でしょうね』と問うた。その答えが、氏の真骨頂である。

『ええ、そうです。面倒です』

普通なら、腹の中ではそう思っても『いえいえ、あなたもお仕事ですから』と答えるものである。それを『面倒です』と答えてはばからず、相手にまた残滓《ざんし》を残さぬところ、こうさらけ出されるとさわやかというものだ」

この児玉の感想は、松本清張や内藤国夫の感想と共通している。児玉は、池田のざっくばらんな態度を意外に思い、その点については好意的に見ている。そして、池田のことを、世間で言われる独裁者や権力者ではなく、庶民的で飾らない組織の指導者として描き出しているのである。

既成イメージのはざまで

実は、池田本人も、彼自身が特別な人間ではないことを強調している。その点は、児玉のルポと同時期に「日本経済新聞」に連載され、のちに他の文章とあわせて単行本として出版された彼の自伝的エッセイ、『私の履歴書』に示されている。

『私の履歴書』は、海苔屋のせがれとして大田区に生を享《う》けた話からはじまって、創価学会インタナショナルの会長として世界をまたにかけて活躍するようになるまでがつづられているが、「私の履歴書はいたって平凡である」で始まり、「私は、私の平凡にして自分らしい履歴書を、この世で仕上げていく以外にないと思っている」で終わるエッセイ全体は、たんたんとした調子で書かれている。それは、池田の師である戸田城聖が好んだ中国の伝奇小説『水滸伝』に似て、波瀾万丈の物語として展開される『人間革命』とは、趣も文体も異なっている。

たとえば、「布教」と題された章では、折伏大行進の時代についてふれられているが、「大勢のなかには、たしかに、真剣さのあまり、非常識のそしりを受けるような行動もあったにちがいない。草創期とはいえ、反省すべきは、反省しなければならないと私はいつも思っている」と、折伏に行き過ぎがあったことを認めている。

また、「第三代会長」という章は、「『わしの死んだあと、あとは頼むぞ』との戸田先生の遺言が胸奥に轟《とどろ》き、響きわたる。恩師から受けた限りなき薫陶は、私にとって、なにものにも代えがたい」と、大げさな浪花節調ではじまるが、自分が第三代の会長に就任した一九六〇年五月三日は、妻や三人の息子にとっては「葬式」といってもよかったと言い、激務の会長に就任することで家庭を犠牲にせざるを得なくなったことに対して、家人に詫びている。

池田は外部の人間の前に現れたとき、決して尊大な態度をとろうとはしない。むしろ、絶対的な独裁者、権力者であるとする世間のイメージを逆手にとって、率直で飾らない姿をあえてとろうとしている。時には、組織内部の反対を押し切って一人でインタビューに臨もうとするのも、既存のイメージを打ち破ろうとするからではないか。

児玉に、創価学会の会員たちから「池田先生」として崇拝されていることについてどう思うかと聞かれたときにも、「抵抗」はあるが、それを「感情の昂《たか》まりとして自然にとらえるべき」だとし、抵抗感の鎮静剤はなにかという問いには、「私ごときものに、そういうことをしてくださって、申しわけない」という答え方をしている。

カリスマの武器

池田は庶民の出であり、決してエリートとして人生を送ってきたわけではない。第二章で見たように、青年期には結核にかかり、苦しい時代も経験している。選挙活動を行った際には、逮捕され、警察による取り調べや拘置所暮らしも経験した。池田の率直さも、そうした出自が生み出したものであるに違いない。だからこそ、同じ庶民の出である会員たちは、池田に共感し、彼を信奉することができるのである。

そして、外部の人間に相対したときには、自らが庶民の出であることを、相手のこころをとらえるための武器として活用している。実際、松本も内藤も、そして児玉も、池田と実際に会うことでその評価を大きく変えている。彼らは皆、一流の作家・ジャーナリストであり、インタビューした相手や取材対象の言うことをそのまま真に受けて、相手を持ち上げるような記事を書いてはならないと肝に銘じていたはずだ。そもそも内藤などは、池田の真の姿を伝えることで、その野望をあばこうとしていたのではないだろうか。

ところが、そうした警戒心はすぐに働かなくなり、皆池田に好感を抱いてしまっている。池田は、彼らの前で、庶民的な感覚にあふれた率直な人間であることを演じているわけではないであろう。演じようとする以前に、自ずとそうした態度をとってしまえるのだ。相手のこころを巧まずしてとらえてしまうことは、教祖のようなカリスマ的人物には不可欠な能力なのである。

ただ、時には、庶民的であけすけな態度をとることが行き過ぎて、世間の顰蹙《ひんしゅく》を買うこともある。その典型的な例が、次の発言ではないだろうか。これは、創価学会＝公明党が言論出版妨害事件を起こした際、「週刊文春」一九七〇年五月十八日号のインタビューに対して、池田が答えたものである。

「ずいぶんタタかれましたねェ。わたしは良いが、会員がかわいそうで……（とカオをおおう）わたしは『自殺したいよ』と女房にいったんです。『がんばりなさい』となぐさめられましたよ。いまのキモチとしては『処女のお嬢さんが、輪姦されたあと、さらに蹴とばされているような気分だ』と女房にいいましたよ」

現在なら、この池田の発言は、間違いなくセクハラとして強い批判を受けるに違いない。インタビューが行われた一九七〇年当時でも、決して品のある発言とはみなされなかったことであろう。

こうした池田の発言は、週刊誌などで爆弾発言として批判的にとりあげられることになるわけだが、会員にはむしろ歓迎される。たとえば、彼が会長に就任した翌年、「聖教新聞」一九六一年三月二十四日号に掲載された次のスピーチなどがそうである。

「私は、私自身、おろかであり、力がないことも知っております……。渡部君や篠原君が、しめっぽい元気のない格好をしているので、私が〝もう少しユーモアな、ウェットな話をしたらどうか〟というと、篠原君が〝会長、ウェットというのは、しめっぽいということで、ウィットじゃありませんか〟（笑い）〝そうそう〟と（笑い）。このまえも〝バランス〟というのを、反対に〝アンバランス〟と言って、えらくおこられてしまった（笑い）。神尾先生なども、非常に英語がじょうずで〝すごいコンデンション〟などといったら、〝いやコンディションです〟などと（笑い）。そういうわけで、格好がつきゃしませんよ」

これはまるで漫談で、池田は自分の無知をさらけ出してしまっているように見える。ただ、ウェットとウィットを言いまちがえた箇所などは、話があまりにできすぎている。あるいは池田は、わざとまちがえて、会員たちを笑わせているのかもしれない。そう考えたとき、池田の庶民性の裏側に、もう一つの顔が存在していることが見えてくるのではないだろうか。その顔は、巨大組織を維持していく上で、極めて重要な役割を果たしているのである。

「一人も人材がいない」

現在、創価学会の会員たちは、幹部会の衛星中継を通して、池田のスピーチに接することができるようになっている。私も、その衛星中継を見たことがある。それは、千駄ヶ谷の創価国際友好会館で一九九四年十二月十日に開かれた第八十三回本部幹部会、東京総会での池田のスピーチだった。私は、ある創価学会の会館で、幹部会の翌々日に中継放送を見る機会に恵まれた。

その前日にも同様のかたちですでに放送が行われていたため、その会館にはそれほど多くの会員が集まっていたわけではないが、皆熱心に池田のスピーチに耳を傾けていた。

池田の前に、秋谷会長もスピーチをしたが、その段階ではまだ集まりも悪かった。ところが、池田が登場すると、スクリーンの向こうの友好会館の空気は一変した。また私の周囲の空気も変わった。どちらの会館にも緊張感がみなぎった。会員たちの目当ては、池田にほかならないのである。

しかし、池田のスピーチは、すぐにははじまらなかった。創価学会には、さまざまなジャンルの歌手や俳優で構成された芸術部という組織があるが、その日は芸術部の女性メンバーが池田のために歌うことになっていたからである。そのメンバーのなかには、山本リンダ、雪村いづみ・朝比奈マリアの母娘、参議院議員に当選後、急死した沢たまき、田中美奈子、相田翔子など、テレビでもよく見かける顔がいくつも含まれていた。

池田が、彼女たちにむかって「歌いたいなら、歌いなさい」と、冗談めかして、少々投げやりなふうに促すと、彼女たちは、晴れやかな表情を浮かべておなじみの歌をメドレーで歌い出した。これで、緊張感がみなぎっていた会館は和やかな雰囲気に包まれた。

池田と芸術部のメンバーとのやりとりからしてざっくばらんで、会場を大いに笑わせていたが、スピーチもまた、決して堅苦しいものではなかった。池田は、女性革命家のローザ・ルクセンブルクや『プルターク英雄伝』に描かれた正義の人・アリスタイディーズについてふれ、信念を貫くことや民衆が賢明になることの重要性を説いていったのだが、すぐに用意された原稿を離れ、話はたびたび脱線していった。

ただ、池田のスピーチで一つ驚いたのは、逆境や障害のなかでこそ人材は生まれると言ったあとに、突如、「創価学会には、一人も人材がいない」と言い出したときである。芸術部のメンバーに向かって、「歌いたいなら、歌いなさい」と言ったときとはちがって、少しも冗談めかしたところはなかった。壇上の池田の横には、秋谷会長や東京長などの大幹部がならび、その前には東京やその周辺の地域の幹部たちが顔をそろえていた。池田は、そうした幹部たちを、有為な人材としては認めていないことになる。

ところが、テレビ画面のなかの幹部たちも、私のまわりに座った会員たちも、池田の発言に驚いたという表情は見せなかった。池田は、スピーチの後半部分でも、東京長を前にして、東京が他の地域に比べて活動の面で遅れをとっているという指摘をしていたが、どうやら幹部会における池田のこの種の発言は、決してめずらしいものではないようだ。私を案内してくれた学会員によれば、池田は幹部を前にして、よくその批判をするという。

池田は、数々の修羅場をくぐりぬけてきた。逮捕されたこともそうだが、言論出版妨害事件や宗門との対立のなかで、屈辱も味わってきた。また、さまざまな形でスキャンダルを暴かれ、日本の社会からは必ずしも正当な評価を得てはいないと感じていることだろう。そうした池田からすれば、他の幹部や会員たちは、人材たり得ないものに見えてしまうのではないだろうか。

秋谷は、「創価学会には、一人も人材がいない」というこの池田の発言について、池田の言う人材とは、「創価学会の未来を託すに足る、真の後継たりうる指導者としての人材」のことを意味していると解釈している（「幹部は会員に奉仕する立場だ！」『となりの創価学会』）。

不可避のジレンマ

以前はもちろん、池田のスピーチが行われる幹部会は、幹部たちだけが参加できる場で、一般の会員には開かれていなかった。そのため、幹部会に出席できる人間は、他の会員の知らない情報を得ることができ、また、池田の謦咳に直接接することができるため、優位な立場に立つことになった。つまり、幹部は権威ある立場を保持することができたのである。

ところが、幹部会が通信衛星を使って中継されるようになると、幹部はそうした権威を保持できなくなった。さらに、幹部会の席上で、幹部たちは池田に叱られる。一般の会員たちは、その姿をまのあたりにするわけで、その点でも幹部の権威は失墜せざるを得ない。秋谷は、一九八九年八月に導入された中継システムが、「幹部の権威を破壊する方向に作用」していることを認め、それが学会にとって大きな「革命」であったととらえている（同書）。

この点で、幹部会の衛星中継という試みは、きわめて興味深い。これまで指摘してきたように、創価学会の会員となった人間たちは、庶民であった。しかし、現世利益を求めて入信し、実際に、その利益を得ることができるようになれば、彼らは、第一章で紹介した戸田の講演にもあったように、子どもたちをいい学校に入れようとする。

そうなると、学歴の高い会員が生み出されていくことになる。彼らは、その学歴を生かして幹部となり、組織を動かすようになっていく。先に名前を上げた谷川佳樹副会長の場合も、東大経済学部の卒業で、卒業後はいったん三菱商事に就職している。その後、三菱商事を退職して、学会本部の職員となったのだった。

東大卒をはじめ学歴の高い信者が組織の中核を担うようになれば、そこには、合理性を追求する官僚制が生み出されていくことになる。ところが、創価学会の場合、会員のほとんどは、あくまで庶民であり、官僚制にはなじまないところがある。そうなると、学歴の高い会員と、庶民である会員との間に意識や行動様式の面でずれが生まれ、それが拡大していく危険性がある。

そのとき、創価学会が選択したのは、組織が官僚化していく道を閉ざし、組織の活動の中心的な担い手があくまで庶民である一般の会員であることを確認する方向だった。池田は、スピーチのなかで、民衆の重要性をくり返し強調している。彼の言う民衆とは、庶民である一般の会員たちのことにほかならない。

そして、幹部会を公開することで、官僚化への道を封じようとした。それに連動して、池田は、幹部会の席上で一般の会員を立て、幹部たちのあり方をくり返し批判するようになった。いくら高い学歴があっても、幹部はあくまで庶民である一般会員に奉仕する存在でなければならないことを徹底して仕込んでいくようになった。

それができるのは、本人自身も庶民の出であり、庶民感覚を忘れてはいない池田だけなのである。しかも彼には、幹部たちをも圧倒するカリスマ性があった。幹部会では、「南無妙法蓮華経」の題目を上げる場面があるが、池田の唱題する声は、他を圧倒していた。池田は、カリスマとして組織の官僚化や分裂を防ぐという機能を果たしているのである。

しかし、こうした方向性を選択したことで、創価学会は、自ら限界を設けてしまったことにもなる。庶民である一般会員にとっては、幹部たちが池田から叱られる光景に留飲が下がるだろうが、学歴の高い幹部たちにとっては、必ずしも居心地のいい状態ではない。幹部たちには、エリートである自分たちが組織を引っ張っていくべきだという自負心があることだろう。ところが、そのプライドは、幹部会の席上で粉砕されてしまうのである。

幹部たちの間には、そうした状況に対する不満が、隠れた形で鬱積しているのではないか。しかし、その不満を解消しようとすれば、会員の大半を占める庶民の願望を満たすことができなくなる。おそらくそこに、創価学会の抱えるジレンマがあるのではないだろうか。

第四章　巨大な村

学会は「池田教」か

創価学会はこれまで、新興宗教ないしは新宗教としてとらえられてきた。

しかし、創価学会は、その創立以来、長期にわたって既成仏教教団である日蓮正宗と密接な関係をもっており、その点では、まったく新しい宗教というわけではない。日蓮正宗との決別以降は、池田大作を信奉する「池田教」への道を歩んでいると指摘されることもある。だが、創価学会の機関誌である「大白蓮華」に連載されている池田を中心とした座談会は、「御書の世界」と題されている。御書とは、日蓮の遺文のことであり、創価学会は依然として日蓮の仏法に依拠しようとしている。第二章の終わりで、会則の改正についてふれたが、新しい会則でも日蓮仏法を信奉する姿勢に変化は見られない。

一般に、日本の宗教では、儀礼が重視される。教義や教団、あるいは戒律などよりも儀礼の方に比重がおかれ、儀礼を実践することが宗教活動の核となっている。

ところが、創価学会においては、儀礼は必ずしも重視されていない。「南無妙法蓮華経」の題目を唱える、唱題を儀礼としてとらえることもできなくはないが、唱題を行うのは、僧侶などの専門の宗教家ではなく、一般の会員である。そこには、信仰の表明という意図があり、それをたんに儀礼としてだけとらえるわけにはいかないだろう。

創価学会では、教義を学ぶことを重視してきている。学会という、宗教団体ではなく学術団体であるかのような呼称が使われてきたのも、教義について学問的に研究する組織であるという認識があるからであろう。創価学会は、日蓮教学を学ぶことを活動の中心としてきた。その点では、日本の宗教のなかでも、とくに在家信者の集団ということでは、例外的な存在なのである。

創価学会では、組織の基本データとして、八百二十一万世帯という信者の世帯数や青年部員の数とともに、教学部員の数を公表している。現在、その数は二百六十万人にのぼっている。教学部員になっても、特権が与えられるわけではなく、教学を学んでいる証であるにすぎない。

教学部員になるためには、任用試験を受けなければならない。二〇〇三年九月七日には、全国一斉に任用試験が実施され、二十万人が受験している。任用試験の第一回が実施されたのは一九五二（昭和二十七）年十二月のことで、そのときには、現在の会長である秋谷栄之助も受験している。

任用試験の出題範囲としては、日蓮の遺文から、「十字御書」「法華初心成仏抄」「四条金吾殿御返事（弘安元〔一二七八〕年九月）」の三編が指定され、ほかに、「教学入門」と「世界公布と創価学会」が出題範囲と定められていた。こうした出題範囲となる教材は、「大白蓮華」に一括して掲載されている。

任用試験に合格し、教学部員になったあとにも、さまざまな試験が用意され、それに合格すると、順に、助師、講師、助教授補、助教授、教授補、教授の資格を与えられる。二〇〇二年九月には、助教授補と助教授に受験資格のある教学部中級試験が実施されている。その際には、「如説修行抄（全編）」「日女御前御返事［御本尊相貌抄］（全編）」「開目抄（一部）」「顕仏未来記（一部）」「四条金吾殿御消息（文永八〔一二七一〕年九月二十一日付の一部)」の遺文五編、それに、「大白蓮華」二〇〇二年八月号臨時増刊に掲載された「日顕宗を破す」が出題範囲として課された。日顕とは日蓮正宗の法主、阿部日顕のことで、創価学会では、日蓮正宗全体を日顕宗と呼んで、揶揄している。

「全編」とは言っても、「如説修行抄」は創価学会版の『新編日蓮大聖人御書全集』(以下、『御書全集』と略称)で五頁、「日女御前御返事」は三頁にしかならない。中級とは言っても、出題範囲はかなり限られている。

しかし、以前は、教学部員に対して、日蓮の遺文をかなりの量マスターすることが求められていた。「教学部員カリキュラム」と呼ばれるマニュアルがあって、一番初歩の段階の助師でも、「種種御振舞御書」「佐渡御書」「聖人知三世事」「兄弟抄」「経王殿御返事」「聖人御難事」「日女御前御返事【御本尊相貌抄】」「阿仏房御書【宝塔御書】」「諸法実相抄」「異体同心事」の十編の遺文を理解することが必須とされていた。ほかに、準必須として二十編の遺文があげられていた。

講師になると、それに加えてとくに重要な「一生成仏抄」「如説修行抄」「顕仏未来記」「諫暁八幡抄」のほかに、十一編の書状と「法華初心成仏抄」「法華経題目抄」「四菩薩造立抄」「諸経と法華経と難易の事〔難信難解法門〕」「法蓮抄〔父子成仏抄〕」「祈禱抄」を学ぶことが求められた。一番上の段階の教授では、日蓮の遺文全体に通じていることが求められ、ほかに、池田の『人間革命』は教学部員全体に必須の教材とされていた。

このカリキュラムに比べれば、現在の教学試験は範囲も限定され、学習しやすいようになっている。それでも日本の宗教団体のなかで、一般の信者が熱心に教学を学び、試験まで受けるところは決して多くはない。電車のなかで、若い学会員が、以前なら『御書全集』を、最近なら「大白蓮華」を広げて、一心に読んでいる姿に接することがある。

創価学会は、日蓮正宗とは決別したものの、日蓮仏法を捨てたわけではなく、日蓮の遺文を学ぶことを続けている。その点で、創価学会を池田大作を教祖とする新宗教教団と単純に考えることには無理がある。

排他性の根拠

創価学会では、彼らの学ぶ日蓮の教えにしたがって、他の宗教や信仰を否定してきた。

それを象徴するのが、「念仏無間、禅天魔、真言亡国、律国賊」の四句からなる「四箇《しか》格言《かくげん》」である。

日蓮自身は、四箇格言という言葉そのものは使っていないが、五十九歳の晩年に記した「諫暁八幡抄」では、「かえってしばしば大難に値うのは、真言は国を亡ぼす悪法である、念仏は無間地獄に堕ちる悪業である、禅は天魔のすることである、律僧は国を賊する者である」と述べている。日蓮は、法華経以外の経典や、そうした経典に依拠する仏教諸宗派を否定し、それらを仏法に背く謗法《ほうぼう》としてとらえた。なお、「諫暁八幡抄」は、日蓮自筆の断片が大石寺に残されている。

こうした日蓮の教えをさらに厳格なものにしたのが、日蓮の六人の弟子、六老僧の一人で、日蓮正宗の開祖となった日興である。日興は、「謗法厳誡《げんかい》」という教えを説き、日蓮が示した本尊を根本としないこと、日蓮の教えに従った修行をしないこと、そして、他宗派の本尊を拝み、信奉することを謗法として戒めた。創価学会の会員は、この日興の教えに忠実であろうとしてきたのである。

日蓮の信仰を受け継ぐ者のなかからは、他宗の信者からの布施や供養は受けず、他宗の僧侶に対して供養をしないとする「不受不施派」が生まれ、江戸幕府からの弾圧をくり返し受けた。創価学会には、この不受不施派の現代版としての性格がある。

創価学会が排他性を示すのも、こうした日蓮や日興の教えに忠実であろうとした結果である。また、そこからは、正しい仏法である「正法《しょうほう》」を広めていこうとする折伏《しゃくぶく》への情熱が生み出された。他宗教や他宗派に関連する本尊や礼拝のための祭具を焼き払う謗法払いが実践されてきたのも、創価学会員には、自分たちの信仰は絶対だと考える正統派意識が存在するからである。

創価学会員の子弟は、修学旅行などで神社仏閣を訪れた際には、神社の鳥居や寺院の山門を潜ろうとはせず、そうした施設で礼拝をしようとはしない。あるいは、地域の伝統的な信仰を否定し、氏神に参拝しなかったり、祭に協力せず、地域と対立関係に陥ることがある。それは、同じ日蓮系、法華系でも、立正佼成会や霊友会には見られない創価学会の特徴である。

相互扶助の必然性

ただ、日本の仏教宗派のなかで、もう一つ、自分たちの信仰する神仏以外への礼拝を否定するところがある。それが浄土真宗の場合である。

浄土真宗では、「神祇不拝《じんぎふはい》」を説き、阿弥陀以外の仏への帰依を否定してきた。浄土真宗の開祖である親鸞は、その著作『教行信証』のなかで、「『涅槃経《ねはんぎょう》』には、『仏に帰依するなら、決してその他のさまざまな天の神々に帰依してはならない』と説かれている」と述べている。こうした親鸞の教えに従って、浄土真宗では、他の神仏を認めない神祇不拝の姿勢をとってきた。この点は、浄土真宗が、日本の宗教のなかで珍しく一神教的な性格をもつと指摘されてきたことと関連している。

ただ、日常の生活のなかで、こうした神祇不拝の姿勢を貫くことは、周囲との軋轢《あつれき》を招く可能性がある。地域全般で浄土真宗が信仰されている真宗地帯のように、周囲の人間も同じ信仰を共有しているのなら問題は起きないが、神祇不拝に忠実であろうとすれば、他宗派の形式で営まれる葬儀などには参列できないことになる。そのため、浄土真宗のなかでは、教えに忠実であるべきか、それとも現実と折り合いをつけるべきかで、常に議論が起こってきた。その議論は、今でも決着がついているとは言い難い。

浄土真宗の場合もそうだが、他の信仰を認めなければ自分たちだけで結束しなければならなくなってくる。そうなると、信仰を共有する者同士が寄り集まり、そこには共同体が生み出されていく。創価学会員は、自分たちこそが仏法を正しく理解しているのであり、逆に、共同体の外側の人間たちは仏法を理解せず、かえってそれに背く謗法をくり返しているととらえ、信仰を同じくする仲間だけで結束してきたのである。

創価学会員たちは、すでに述べてきたように、自分たちの故郷にある村を追い出されてきた人間たちである。あるいは、生きていくために村を後にせざるを得なかった人間たちである。おそらく彼らは、故郷を去るときに、都会で一旗揚げ、故郷に錦を飾ることによって、自分を都会へと追いやった故郷の人々を見返してやろうと考えたに違いない。創価学会員となった彼らが、都会でたくわえた金で、豪華な正宗用仏壇を購入したのも、そこには故郷の人々には負けまいとする意識が働いていたからであろう。

そして彼らは、自分たちの属する組織を村と共通した機能を果たす相互扶助の組織に仕立て上げていった。創価学会員たちは、出てきたばかりの都会で、生活の基盤を確立できておらず、寄る辺《よるべ》ない境遇におかれていた。都会で安定した豊かな生活を実現するには、それを助けてくれる仲間を必要とした。

創価学会に入会すれば、そこには強固な人間関係のネットワークができ上がっている。そのネットワークは日常生活全般に及んでいく。一般の社会に属する人々との付き合いは減り、創価学会員同士の付き合いの方が、より頻繁で深いものになっていく。

学会員は、地域に生活の場をおいた庶民たちであり、その職種も各種の店主や店員、町工場の工場主や工員、個人タクシーの運転手、保母などに及んでいる。そうした人間たちが集まれば、どんなことでもこなすことができ、何か問題に直面したときは、他の会員たちが相談に乗ってくれるのはもちろん、手術を受けるなどというときには、皆で集まって「南無妙法蓮華経」の題目を上げてくれたりする。引っ越しや葬儀の手伝いもしてくれるし、福祉施設への斡旋《あっせん》が必要となれば、公明党の議員に紹介を依頼してくれたりする。

また、庶民的な人情家が多く、人間関係の持ち方も決して都会的ではなく、村的な温かさをもっている。その点で、創価学会の組織は相互扶助の役割を果たす一つの村なのである。

芸能人に学会員が多いのも、やはり相互扶助組織としての機能があるからである。芸能人は芸術部に属することになるが、創価学会の強みは、興行組織として民音をもっているところにある。民音の創立者は池田大作で、創価学会芸術部に属している芸能人ならば、コンサートのチケットなどの販売を民音に期待することができる。

浮き沈みの大きな芸能界では、個人で生き延びようとするには限界がある。その点で、芸術部なり、民音なりは、芸能人に安定した芸能活動を行う基盤を与えてくれる。

芸術部のメンバーは、創価学会の対外的な顔の役割を果たしており、その分、組織としての対応にも手厚いものがある。会員であることを知られたくない芸術部の会員には、公の場への出席なども強制せず、しだいに信仰をもっていることを公表させる方向へむかわせていくのである。

幹部の役割

創価学会では、戦前の創価教育学会の時代から、座談会が重視され、戦後の創価学会にも受け継がれてきている。座談会は、組織の活動のもっとも重要な場として機能している。座談会は、それぞれの地域で月一回開かれるが、それに出席しない会員は、「寝ている」、つまりは活動的ではない会員と見なされる。その意味でも、会員を座談会に出席させることが、地域の活動としてもっとも重要な意味をもってくることになるが、必ずしもすべての会員が座談会出席に熱心だというわけではない。

逆に、毎回座談会に出席している会員同士のつながりは、相当に深いものになっていく。座談会を開く支部自体が、一つの相互扶助組織として機能している。

そうした座談会を中心とした活動を円滑に進める上で、幹部の役割はきわめて重要である。創価学会の組織は、上から中央―方面―県―区・圏―本部―支部―地区―ブロックという縦の組織になっている。末端のブロックは、十五世帯程度で構成されている。さらに、壮年部、婦人部、男子部、女子部、学生部、未来部などがあり、年齢別、性別に組織化され、複雑なものになっている。

そのなかでも、婦人部が学会を支えていると言われる。池田も、幹部会のスピーチでは婦人部を高く評価する発言をくり返している。それは、学会員の家庭に深く食い込んでいけるのは、婦人部の地区担当だけだからである（馬場千枝「奥様は学会員」『となりの創価学会』)。

前の章で、『人間革命』の映画化を行ったシナノ企画についてふれたが、一九七〇年代の後半から八〇年代のはじめにかけて、シナノ企画が一般の映画制作に乗り出していた時期があった。

一九七七年には、東宝映画と橋本プロと『八甲田山』を共同制作し、観客動員の日本記録を更新するとともに、日本アカデミー賞などを受賞している。七九年にはやはり東宝映画と『聖職の碑』を、八一年には東映と『動乱』を共同制作している。いずれも、豪華なキャストを集めた大作であった。

なかでも、一番話題になった『八甲田山』は、新田次郎の小説『八甲田山死の彷徨』を原作とし、日露戦争を前にして二百名近い死者を出した雪中行軍の遭難事故をあつかった映画である。物語のなかでは、準備万端の上に少数精鋭で臨むことで全員生還した弘前第三十一聯隊と、雪山を甘く見た上に大部隊で臨み、多数の遭難者を出した青森第五聯隊の姿が対照的なものとして描かれており、聯隊を率いる聯隊長のリーダーシップのあり方が問われる作品になっている。

組織図

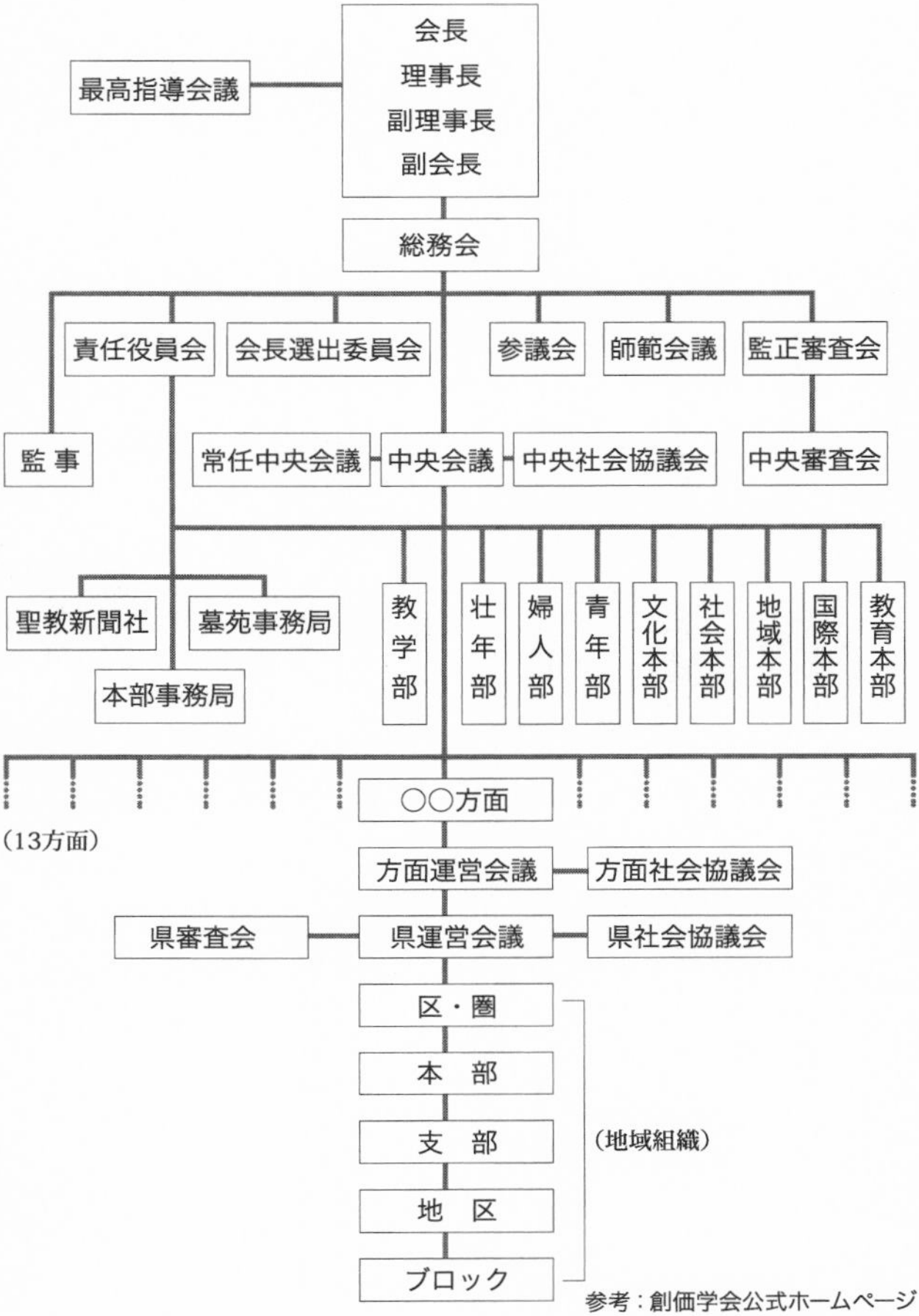

参考：創価学会公式ホームページ

『聖職の碑』も、同じく新田次郎の小説を原作とし、大正時代に起こった伊那駒ヶ岳での中箕輪尋常高等小学校の生徒九名と教員二名の遭難をあつかった作品である。登山を強行した校長の指導力の不足が悲劇を生んだ原因として描かれている点で、『八甲田山』と共通する。

シナノ企画が、同工異曲の大作を立て続けに制作したのは、たんに偶然のことではないだろう。

一九七〇年代後半と言えば、創価学会が脱日蓮正宗化をめざしながら、それに挫折し、池田が会長職から退いた時期にあたっている。それは、言論出版妨害事件に続いて、組織が大きく揺れた時期で、創価学会としては組織の引き締めをはかる必要があった。その際に、リーダーシップのあり方を問う映画を制作することには大きな意味があったに違いない。リーダーシップの重要性は学会の組織のなかでくり返し強調されてきた。『八甲田山』や『聖職の碑』には、創価学会の幹部たちに、リーダーとしてのあり方を問い直させる教育的な意図が働いていたと見ていいのではないか。

実利をもたらす選挙活動

公明党もまた、創価学会を相互扶助組織として機能させる上で重要な役割を果たしている。

公明党は、その結党以来、「大衆福祉の実現」を政治活動の中心にすえてきた。序章で、公明党結党当時の綱領について紹介したが、そこでは二番目に、「人間性社会主義による大衆福祉の実現」がうたわれていた。現在の綱領でも、「生活者重視の文化・福祉国家」の実現がうたわれている。公明党が、自民党などとの連立政権のなかで、つねに厚生労働大臣（かつては厚生大臣）のポストを確保してきたのも、福祉の実現が、公明党の存立ともかかわりをもっているからにほかならない。

福祉の水準が向上することを望むのは、福祉の対象となる人々である。社会の上層階級は福祉の対象となることはなく、その点で、福祉には関心をもたない。関心をもつのは、福祉の対象となる下層階級であり、それはまさに創価学会員が属している階層なのである。

そうした実利を得られるからこそ、創価学会員は選挙活動に熱心なのである。彼らの推す議員が当選することは、福祉が向上し、ひいてはその恩恵に与《あずか》れることを意味する。選挙活動を通して、文字通り現世利益が実現されるのである。

創価学会の選挙活動の核になっているのが、「F取り」と「Kづくり」である。

Fとは、フレンドのことで、F取りとは、学会員が知り合いに公明党議員への投票を依頼し、実際に投票してもらうことを言う。F取りのためには、知り合いに電話を掛けたりすることになるが、その際には、学会員であるということを明かさなければならず、勇気を必要とする。実際、正体を明かしたために、友人と絶縁状態になってしまうこともあるという。

F取りが外部に対する働きかけであるとすれば、Kづくりは、組織の内部に対する働きかけを意味している。Kとは活動家の略で、学会活動に熱心ではなく、ほとんど休眠状態にある会員を掘り起こし、彼らに公明党議員に投票させることが、Kづくりである。これには、組織を再活性化させるというもう一つの機能がある。

また、地方議会などでは特にそうだが、一つの選挙区に、公明党の議員が複数立候補している場合がある。その際には、学会は独自に「管区」を決めて得票の均衡化をはかり、学会員同士で票の奪い合いをしないよう、「管区協定」を結ぶことになる。

創価学会の選挙にかんしては、「血の小便を流す」という言い方がある。これは、投票日前の一週間、特に選挙活動に熱を入れることをさしている。血の小便を流すか流さないかで、票はかなり変わってくるという。

おもしろいのは、選挙活動が一種のイベントとしての性格をもっている点である。選挙活動をともにしたことで、親密になり、結婚にいたる学会員のカップルも少なくないという。

このようなきめ細かな選挙活動ができる組織はほかに存在しない。公明党は、日本共産党と鍔迫り合いを演じ、票の獲得合戦をくり広げてきたが、けっきょく、日本共産党は公明党には勝てなかった。共産主義のイデオロギーによる人間の結びつきは、信仰による人間の結びつきに、強さの点でおよばなかったのである（米本和弘「荒川区町屋三丁目　下町の学会員さん物語」、村山和雄・原田信一「これが学会選挙の舞台裏だ！」『となりの創価学会』）。

経済組織という機能

日蓮の生前から、日蓮を信奉する人々の間で「講」の組織が作られていた。初期の講は、天台大師を供養する「大師講」であったり、釈迦誕生の日を供養する「八日講」などであった。天台大師の供養が行われたのは、初期の日蓮が、自らをあくまで天台の伝統にのっとった天台僧ととらえていたからである。

それが日蓮の死後には、日蓮の亡くなった日、十月十三日を供養する「十三日講」などが生まれ、日蓮宗のなかに、さまざまな独自の講組織が生み出されていくことになる。

現在でも、日蓮正宗の総本山大石寺では、信徒を法華講に組織している。池田大作は、三代会長に就任後、大石寺から法華講総講頭に任じられた。一九七〇年代の終わりに、創価学会が日蓮正宗と対立関係に陥ったとき、池田はその責任をとって総講頭を辞任したが、その後再任され、一九九〇年に大石寺から資格を剝奪されるまでその地位にあった。

日蓮宗の系統では、とくに江戸で講組織が発達し、そのなかには、寺に所属するものもあれば、特定の寺に所属せず、独自に活動する講組織もあった。寺に所属しない講では、カリスマ的な講元がいて、多くの信徒を集めていた。それは、戸田城聖や池田といったカリスマ的な指導者に率いられてきた創価学会の先駆けとなるものであった。

そして、特定の寺に属さない講では、在家主義を強調して、折伏の実践を重視し、強烈な祖師信仰をもっていた。その点でも、江戸の講は、創価学会の信仰を先取りしていたと言えよう。

興味深いのは、そうした講がたんに信仰上の組織であるにとどまらず、経済組織としての性格をもっていた点である。庶民が活用できる金融のシステムが発達していなかった江戸時代において、庶民がまとまった金を手に入れようとする際には頼母子《たのもし》講や無尽《むじん》講をあてにするしかなかった。日蓮系の講も、頼母子講や無尽講としての性格をもつようになり、しかも講中《こうじゅう》で集めた金を外部の人間に貸し出して利益を上げていたのだった（小野文珖の教示による）。

その点で、戸田が金融業を営んでいたのと共通する。池田もまた、戸田の金融会社の社員として頭角をあらわすことで、やがて創価学会の最高指導者へと上り詰めていった。宗教活動と経済活動が一体となっている点で、創価学会は、江戸以来の日蓮系の講の伝統を引き継いでいる。

一般の宗教団体では、宗教活動のなかに、経済活動までが組み込まれていくことは少ない。教団が布施として信徒から金を引き出そうとすることはあるが、宗教活動を実践することが、経済活動へとつながってはいかないのである。

戸田は、信仰しさえすれば豊かになることができると説いたが、彼がそうした主張を展開できたのも、創価学会が巨大な相互扶助組織として、会員たちの経済生活をも支える役割を果たすことが可能だったからである。

そもそも、創価学会には会費の制度が存在しない。会員である上で、会費を支払う必要がない。その点を指して、「創価学会は一銭も金がかからない宗教である」という宣伝がなされてきた。

しかし、組織としての活動を展開する上では、相当の額を必要とする。一つは、「聖教新聞」の購読料があてられてきたが、それとは別に、戸田時代の一九五一年から「財務部員制度」が設けられ、財務部員に任命された会員は、年に四千円の寄付をすることとなった。財務部員は、一種の名誉職で、金色に縁取りされたバッジをつけることを許された。信仰によって財を蓄えた会員だけが財務部員になれるわけで、他の会員の羨望《せんぼう》の的になっていたという。

ただし、大石寺に正本堂などを寄進したり、地方の会館を建設したりする際には、多額の金が必要で、財務部員の寄付だけでは足りなかったため、「ご供養」や「特別財務」と称して、広く一般の会員から寄付を募るようになっていく。現在それは、財務納金制度と呼ばれ、潤沢な資金を集めることができるようになった。

財務は年一回行われるが、その一月ほど前には決起大会が開かれ、「百万円出したら息子がいい企業に就職できた」「保険を解約して学会のために捧げたら幸せになりました」といった発言が相次ぎ、他の会員にプレッシャーを与えるという。こうして集められた資金は、巨額にのぼる。大石寺正本堂建立の際には、すでに述べたように三百五十五億円を集めたが、七四年からの数年間では一千四百億円を集めたという（『創価学会解剖』『創価学会財務部の内幕』を参照）。

最強にして最後の「村」

創価学会が巨大な相互扶助組織であるという点は、組織の維持ということに大きく貢献している。というのも、一度巨大な相互扶助組織のなかに属した人間は、その世界から抜け出すことが難しくなってくるからである。

創価学会員の家庭に生まれた人間がいたとする。その人間の家族は、両親や祖父母をはじめ、親戚の大半は創価学会員で、日頃の付き合いのある人間もほとんどが学会員である。そうした環境に生まれた人間は、子ども時代から学会員とばかり付き合うようになり、自然と学会員の家庭の子どもと友達になっていく。

その人間が成長し、結婚をしようと考えたとき、果たしてどうなるだろうか。結婚相手として、学会員以外の人間を考えることは相当に難しいであろう。学会員でない相手を折伏し、学会に入ってもらってから結婚するという手立てもあるだろう。しかし、相手が折伏に応じてくれなければ、やはり結婚は難しい。

もしその人間が、信仰に対して疑問をもったとしたらどうなるのだろうか。子ども時代には、親から言われたとおりに信仰活動を実践していても、思春期になって、それに疑問を感じることは少なくない。自らの信仰が、自分で選びとったものではなく、親から強制されたものと感じるようになれば、強い反発心が頭をもたげてくることになる。

そのとき、その人間は重大な岐路に立たされることになる。もし信仰を捨て、学会を抜けるということになれば、それは同時に、家族や知人、友人からなる相互扶助組織を捨てるということを意味するからである。つまり、それまでの人間関係のすべてを捨てなければならない危険性があるわけである。

果たして、そうしたリスクを冒してまで、脱会へと踏み切れるものなのだろうか。多くの人間は、そこで信仰を捨てるのではなく、あくまで信仰を保ち続ける道を選ぶことになるのではないだろうか。

現在、折伏によって、新たに創価学会の会員になる人間はそれほど多くはない。しかし、会員の子どもたち、あるいは孫たちは、信仰二世、あるいは三世として、学会のなかに留まる場合が少なくない。それによって、巨大な相互扶助組織は維持され、その力は保たれているのである。

創価学会以外の新宗教教団では、たいがい衰退の傾向が続き、信者数の減少に苦しんでいる。新しい信者を獲得することが難しい上に、子どもや孫に信仰を伝えていくことができないからである。その意味で、創価学会の一人勝ちという状況が生まれている。

そして、創価学会の一人勝ちという状況は、対新宗教という次元だけのことではなくなっている。創価学会の会員たちは、村という共同体から追い出されたがゆえに、それに代わる新たな村の創造をめざしたわけだが、彼らを追い出した村落共同体は軒並み力を失っている。村全体が衰退し、都市部と農村部との生活面での格差が拡大している。とくに、情報化の進展は、情報の集中した都市の価値をさらに高め、農村部は情報から疎外されるという状況が起こっている。

いつの間にか、日本の社会には、強固な相互扶助組織、つまりは巨大な村として、創価学会だけが存在するという状況が生まれている。創価学会と長く対抗関係にあった労働組合も衰退し、相互扶助組織としての力を失っている。企業にしても、終身雇用を核とした日本的経営を維持することが難しくなり、社員の生活を丸抱えする村的な性格を失いつつある。

相互扶助組織として生き残ったことが、現在の創価学会を支える最大の力となっている。自民党が公明党を切り捨てられないのも、公明党の背後に、創価学会という巨大な村が存在しているからなのである。

終　章　創価学会の限界とその行方

カリスマなき時代に向けて

二〇〇三年の四月末、創価学会の顔である池田大作の重病説が流れ、マスメディアで報道された。実際、池田が三代会長に就任した五月三日の「創価学会の日」の行事に、池田は欠席し、重病説を裏づけることになった。

その後、池田は、六月十二日の幹部会に出席し、スピーチを行ったが、そのスピーチには力がこもっていなかったと言われる。池田は、二〇〇四年一月二日に、七十六歳の誕生日を迎えた。創価学会という巨大組織の先頭に立って走り続けていくことが難しい年齢に達していることは否定できないだろう。組織の内外で、「ポスト池田」がどうなるか、その行方を憶測する声が上がるようになってきた。

池田が創価学会の三代会長に就任したのは、一九六〇（昭和三十五）年五月三日のことで、七〇年代終わりの宗門との対立の責任をとる形で、七九年四月に会長の職を辞し、名誉会長に退いている。四代会長には北条浩が就任したものの、八一年に急逝し、その後を受けて、秋谷栄之助が五代会長に就任し、今日に至っている。

名誉会長という職は、池田の会長辞任にともなって、新たにもうけられたもので、それ以前には存在しなかった。牧口常三郎、戸田城聖、そして池田大作という三代の会長は、組織の実質的なリーダーであったが、池田の名誉会長就任後の会長たちは、実務面をこなす役割を負っているものの、巨大宗教団体を率いるリーダーであるとは必ずしも言えない。むしろ、名誉会長に退いても、実質的なリーダーは池田にほかならない。

新しい「創価学会会則」では、その「前文」において、「『三代会長』に貫かれる師弟不二の精神と広宣流布実現への死身弘法の実践こそ『学会精神』であり、永遠の規範である」とうたわれている。この会則の改正によって、牧口、戸田、池田の三代会長には特別な地位が与えられ、永遠の規範とさえとらえられるようになった。

こうした会則の改正が行われたということは、創価学会の内部に、池田の後、彼に匹敵するような指導者が生み出されてはいかないという見通しがあることを意味する。今後、名誉会長の職に就き、創価学会の顔となるような人物があらわれることはないのであろう。池田の後継者として、長男の博正の名前があげられるようになり、著作も刊行されてはいるが、おそらく博正には、池田やその師である戸田にあったカリスマ性はないであろう。むしろ、二十九歳で亡くなった次男の城久の方が、カリスマ性という点では優れていたかもしれない。

その点では、ポスト池田の時代において、巨大教団をカリスマ的なリーダーが引っ張っていくという図式は、もう成り立たなくなる可能性が高い。池田の場合には、戸田を助け、創価学会の急成長に貢献したし、選挙運動で逮捕、拘留されるという犠牲も払っている。少なくとも、次のリーダーが、そうした実績を重ねていることはあり得ない。創価学会は、はじめてカリスマなき時代を迎えようとしている。

ポスト池田の組織運営

池田というカリスマを失ったとしても、創価学会の組織がすぐに瓦解したり、分裂したりすることは考えにくい。一般に、新宗教教団の場合、カリスマ的なリーダーの死によって後継者争いが起こり、それによって組織が分裂することは、よく起こることである。創価学会の場合にも、後継者争いが起これば、その可能性もないとは言えないが、現在の体制から考えて、後継者をめぐって激しい対立が起こるとは思えない。

創価学会の会員たちは、池田のことを師として信奉してはいるが、池田は、一般の新宗教教団の教祖とは異なり、その霊的な力で病気直しを行うような存在ではない。むしろ学会員にとっては、日蓮の遺文の解釈者であり、仏法の解説者である。その点でも、池田を失うことで、組織活動が致命的に停滞することはないのである。

そもそも学会員たちは、創価学会という組織と、信仰によって結びついているというよりも、前の章で見たように、利害で結びついている面が大きい。彼らが会員であり続けるのは、たんに池田を信奉するからではなく、相互扶助組織としての創価学会の一員であることが、現実的なメリットをもたらすからである。

会員の人間関係のネットワークは、ほとんどが学会のネットワークと重なっている。利害がからんでいる以上、たとえ池田を失ったとしても、多くの会員が学会を離れていったり、大規模な分裂が起こるとは考えにくい。しかも、現在の学会員の大半は、子どもの頃から創価学会の世界で生きてきた二世や三世であり、彼らには、学会を離れた生活は考えにくいのである。

おそらく、ポスト池田の時代においては、夫人の香峯子なり、博正なりがＳＧＩの会長に就任して象徴的なリーダーの役割を果たし、実際の組織運営は、会長を中心とした集団指導体制で行われることになるであろう。すでに、池田の権威は、会則の改正で確立されている。池田を究極の仏、本仏ととらえる「池田本仏論」の主張もあるが、学会の組織全体がそこまで踏み込んで池田を神格化するようにはならないだろう。

では、組織の瓦解や分裂が起こらないとして、これからの創価学会はどういった方向にむかっていくことになるのだろうか。

高度経済成長の時代が終わりを告げ、直接には言論出版妨害事件の結果、創価学会は、それまで行ってきた強力な布教活動、折伏を続けることができなくなり、会員を飛躍的に増やしていくことが難しい状況に立ち至った。その際に、創価学会は、第二章でもふれたように、信仰を若い世代に継承させることをめざすようになった。そのために、学会員家庭の子弟に世界青年平和文化祭という場を与え、信仰を活性化させることで、おおむね信仰の継承に成功した。新宗教教団にとっては、信仰の継承がもっとも難しい問題だが、創価学会は、その課題を克服できたのである。

しかし言論出版妨害事件以降、創価学会の会員たちが、折伏をまったく諦めてしまったわけではないし、折伏によって新たな会員を獲得しようとする活動は続けられている。とくに最近では、「広布即地域貢献」を旗印に、団地自治会やPTA、商店街の役員などに、創価学会員が積極的に就任し、そうした組織を折伏のための足場として活用しようとする動きを見せている。一般の人たちは、仕事に追われ、そうした役員にはつきたがらない。創価学会はその状況を利用して、地域で主導権を握ろうとしている。

創価学会の会員以外でPTAの役員になるのは主婦である。とくに新興の住宅地などの場合、主婦は地域に人間関係のネットワークをもっておらず、孤独な状況にあることが多い。創価学会は、そうした孤独な主婦にターゲットを絞り、折伏の対象にしている。

創価学会の強みは、相互扶助組織として、地域に強力な人間関係のネットワークを作り上げていることにある。地域の人間関係が希薄になった現在において、ほかにそうした組織は存在しない。これからも、低成長の時代が続いていけば、生活を維持し、それを安定したものとするために、相互扶助組織を求める人間は、いくらでも出てくることであろう。創価学会は、そうした人間たちの受け皿になる可能性をもっている。

創価学会が、ＰＴＡの組織などを足場にして、折伏を行い、その勢力を拡大していく余地があるわけだが、組織の力という点では、たとえ創価学会であっても、時代の影響を被っており、以前ほどの力を発揮できなくなっていることも否定できないだろう。

進む世俗化

最近、創価学会では、日蓮の遺文を集めた『御書全集』の改訂作業に着手した。現在の『御書全集』は、戸田の発願によるもので、大石寺五十九世法主で、碩学の堀日亨が編者となって一九五二年に刊行されたものである。

その一九五二年から、すでに半世紀以上の年月が経過している。その間に、創価学会は巨大教団への道を歩み、公明党を組織して政界へと進出した。さらに、もっとも大きな変化は、日蓮正宗との関係が決定的に悪化した点である。今回の改訂作業では、戸田と日亨の精神を継承するとうたわれてはいるが、そこに脱日蓮正宗化の意図があることは明らかだろう。

『御書全集』は、創価学会の会員にとっては、バイブルであり、『折伏教典』とともに、強力な折伏を展開する上で、もっとも重要な武器として活用されてきた。

しかし、最近では、『御書全集』はあまり活用されなくなり、座談会にそれをもちこんでくる会員も少なくなったと言われる。実際、教学の試験では、必ずしも『御書全集』は必要ではなく、「大白蓮華」だけで用が足りる。創価学会は、会員の多くが教学を学んでいることを誇りにしてきたが、教学の形骸化によって、宗教性が希薄になり、世俗化への道を歩んでいることは否定できない。

学会員が教学への関心を失っていけば、宗教行為として残されるのは、「南無妙法蓮華経」の唱題だけである。これまでも、教学には関心を示さず、唱題だけを実践してきた学会員もいるわけだが、唱題は、家庭のなかで個人的に行われるものであり、果たして本当に実践されているかどうかを組織が確認することはできない。

創価学会においては、唱題をのぞいて、ほかに宗教的な行為はほとんど実践されていない。もともと儀礼的な要素は希薄だったが、日蓮正宗と決別したことで、その傾向に拍車がかかった。座談会などの会合にしても、宗教的な要素はほとんど見られない。おそらく、創価学会の内部における世俗化の傾向はさらに進んでいくであろうし、それに対する歯止めは、今のところ存在しない。

学会のなかに、そうした傾向に危機感を抱く人間が出てくる可能性はある。宗教団体では一般に、世俗化の傾向が強まれば、信仰を回復しようとする運動が生まれることが珍しくないからである。創価学会の場合も、組織のなかに、新たに信仰を覚醒しようとする動きが生まれていくことになるかもしれない。ただ、その兆しは、今のところはっきりとした形をとってはいない。

公明党の未来

選挙運動にしても、言論出版妨害事件で、国立戒壇建立の計画を破棄せざるを得なくなったところから、その意義は明確ではなくなった。国会で議席を増やし、政権与党の立場にとどまることには、大衆福祉を中心とした政策を実現していく意味はある。しかし、公明党が自民党や民主党の勢力を凌駕し、政権政党の中心に躍り出る可能性はほとんど考えられない。

しかも、公明党を一時解党して、新進党に合流した頃から、創価学会員たちが、公明党の議員を直接応援できない事態が生まれている。現在でも、公明党は全国で自民党と選挙協力を行っており、創価学会員が自民党の議員の選挙運動を担う場合も増えている。もちろん、自民党の候補者や支持者が、公明党への投票を訴えることもあるわけだが、学会員のなかには、釈然としない思いを抱いている者もいる。実際、秋谷会長は、自民党の候補者が、「比例は公明」と訴えるのは、あるべき姿ではないという発言をしている（「アエラ」二〇〇四年二月二日号）。

自民党が、選挙運動の面で、創価学会の集票能力をあてにせざるを得ない事態が続いていけば、それは、自民党が政党としての自律性を失うことを意味する。創価学会に依存する体制が生まれてしまった以上、そう簡単にその体制を崩すわけにはいかないだろうが、自民党の自律性を回復しようとして、創価学会との必ずしも健全とは言えない関係を批判する人間も出てくることであろう。少なくとも、創価学会＝公明党の発言力が強まることを警戒する人間はいる。どこかで、創価学会＝公明党批判の声が高まっていく可能性は残されている。

自民党の内部において、創価学会＝公明党への批判の声が高まれば、創価学会＝公明党としても、自民党との関係を考え直さなければならなくなってくる。そのとき、自民党ではなく、民主党との間でパートナーシップを築いていくことが選択肢として浮上してくるだろう。そうなれば、今度は、公明党は、民主党と連立与党を組む可能性がある。

しかし、そうなればなったで、また、自民党との間で起こったことがくり返されることにもなりかねない。創価学会＝公明党には、動物と鳥の両方に取り入ろうとして、結局は、どちらからも嫌われ、暗い洞窟へと追いやられたイソップ物語のコウモリになってしまう危険性がある。

被害者意識と組織防衛

創価学会批判が生まれざるを得ないのは、その閉鎖性や排他性ゆえである。最近、学会は、他宗教や他宗派の信仰を認めない根拠となってきた日蓮の四箇格言を見直す動きを見せてはいるが、完全に四箇格言を放棄する方向にむかっているわけではない。また、独裁者、権力者が組織の頂点に立っているかのように見える状況も、創価学会への警戒心を生む原因となっている。

あるいは、創価学会は、日蓮正宗と決別した後、日蓮正宗批判をくり広げてきたが、僧侶のスキャンダルを暴き、それに罵詈《ばり》雑言を浴びせかける批判のスタイルは、外部の人間には理解が難しい。

また、「週刊新潮」を主たるターゲットとし、創価学会系のメディアを総動員しての批判キャンペーンにしても、その規模が大きく執拗であっただけに、外部の人間からすれば、なんでそこまでしなければならないのかという疑問を感じざるを得ない。

こうした日蓮正宗批判やジャーナリズム批判に接していれば、現在は創価学会と友好的な関係にある団体や個人にしても、いつ自分たちが組織的な批判のターゲットにされるかわからないわけで、警戒心をもたざるを得ない。宗門批判やジャーナリズム批判は、外部の敵を明確化することで、組織の結束をはかる役割を果たすにしても、創価学会は大きな代償を支払っていることになるのではないだろうか。

創価学会員が、徹底した宗門批判やジャーナリズム批判に喝采を送り、それを支持するのも、彼らが都市下層の庶民であり、社会から虐《しいた》げられているという被害者意識が存在するからである。それは、社会学的な事実に根差しているわけで、創価学会の運動には、階級闘争的な側面があるわけだが、創価学会の発展に一つの限界を生むことにもつながっている。

創価学会員の子弟も学歴が向上し、豊かな生活を享受するようになってきた。しかし、第三章で見たように、学会のなかでは、インテリ、知識人階層は必ずしも高く評価されない。インテリは、民衆である一般の会員に奉仕すべきであるとされ、その点を忘れていると、池田から容赦ない叱責を浴びることになる。

その点で、創価学会という組織は、インテリにとって、必ずしも居心地のいい世界ではない。インテリの否定と民衆の重視は、創価学会の組織が官僚化していくことを防ぐための手立てとなっているわけだが、それは、創価学会が社会の中核を占めるインテリ層に食い込んでいくことを妨げる要因ともなっている。

創価学会には、「総体革命」という言い方があり、それは、社会の各分野に創価学会員を送り込むことで、組織防衛をめざす試みとして解釈されている。実際、創価大学から教育界、法曹界に人材が輩出していることを誇ったりしている。しかし、創価学会の組織のなかで、インテリが必ずしも優遇されない状態が続くかぎり、学歴を積んだ会員はどこかで宗教活動に対して熱心ではなくなるのではないだろうか。

学会の限界

また、創価学会は、都市のなかで庶民が多く住む下町には勢力を拡大することができても、山の手の地域には十分には浸透し得ていない。信心しさえすれば豊かになれるというメッセージに、庶民は魅力を感じても、中上流階級はそれを受け入れようとはしないのである。

創価学会の組織は、SGIとして世界にも広まっている。イタリアのサッカー選手、ロベルト・バッジオや、アメリカの音楽家、ティナ・ターナーやハービー・ハンコックなどがそのメンバーで、学会の行事のために来日することもあるが、SGIの会員数は国内の十分の一程度と推測されている。

それもＳＧＩの場合、日本の創価学会とは異なり、むしろ庶民ではなく中産階級をターゲットとしているからである。つまり、現世利益を約束する宗教団体としてよりも、仏教を中心とした東洋の宗教思想にふれることのできる組織として受け取られている。その傾向に比例して、海外でＳＧＩが爆発的な伸びを示しているわけではないのである。

都市下層の宗教として勢力を拡大した創価学会は、結局のところ、その枠を越えることができなかったのではないか。もし、インテリや中上流階級に会員を増やそうとするならば、そのあり方を根本的に変えていく必要があった。だが、その方向に踏み出せば、庶民の支持を失うという危険性があった。創価学会は、社会階層的な限界をつねにともなって発展してきたのである。

中上流階級は、創価学会がある程度の権力を掌握することは容認する。しかし、権力の中枢を握ることは認めようとしない。あるいは、創価学会のあり方が社会の安定に寄与するものであるかぎりは、ことさら創価学会を批判したりはしない。だが、創価学会が先鋭化し、社会の不安定要因となれば、厳しい批判を浴びせかけるのである。

創価学会がこれから、そうした社会階層的な限界を越えていこうとするようになるとは考えにくい。限界を越えようとすれば、ふたたび言論出版妨害事件の二の舞になる危険性があるからである。

だが、一方で創価学会には、自分たちの信奉する日蓮の仏法を社会全体に広めていきたいという宗教的な願望が存在している。日蓮は、その当時に続発していた地震や風水害などの原因が、法然の念仏宗が広まっていることにあるととらえ、時の権力者に念仏宗を取り締まり、正しい仏法を受け入れていくべきだと進言した。その日蓮を信奉する以上、創価学会としては社会の問題、政治の問題に関心を寄せないわけにはいかない。

政権与党の一角を占めるようになってから、公明党は政策の面で必ずしも独自性を打ち出すことができず、けっきょくは自民党の政策を追認するだけに終わっていることが少なくない。特に、安全保障の面で、公明党が党是としてきた平和主義を貫徹することが妨げられている。その点で、創価学会のなかに、公明党の政策に対する批判が潜在化しているとも言われる。

創価学会は一つの壁に直面していると言えるかもしれない。日蓮の教えは、その壁を乗り越えるよう促すが、現実は、創価学会が壁を乗り越えることを押しとどめようとする。そのジレンマをいかに解消していくのか。それは、ポスト池田の創価学会にとっての最重要課題なのである。

戦後日本の戯画として

創価学会のことを嫌う人は少なくないだろう。調査におもむいたマックファーランドのように、自分たちの信仰は絶対に正しいと考え、それを押し付けようとする姿勢に辟《へき》易《えき》したことがあるという人もいるだろう。創価学会の会員にとっては、これほど素晴らしい組織はないと感じられるのかもしれないが、外部の人間は、おおむね創価学会のことを評価しようとはしない。できれば、敬して遠ざけていたいと考えている。

また、創価学会の排他性を指して、だから宗教は鬱陶《うっとう》しいのだと考える人もいるだろう。創価学会は、宗教の弊害の一例としてもちだされることが多い。

しかし、ここまで述べてきたことからも明らかなように、創価学会という巨大教団、巨大な村を生み出したのは、日本の社会にほかならない。もっと特定して言えば、戦後の社会が創価学会を生み出したと言える。日本の戦後社会を象徴する高度経済成長の時代があったからこそ、創価学会は都市への新たな流入者を取り込むことで、急速に拡大していったのである。

それまでも、同様の事態が起こったことがあった。戦前において、新しく勃興した教団の典型的な事例となったのが天理教である。天理教は、幕末維新期に、中山みきという女性の教祖を中心に、奈良盆地の農村地帯に誕生した。

しかし天理教が勢力を拡大したのは、誕生してから八十年近くが経過した大正時代においてだった。その時代、日清日露の戦争を経験した日本社会では、工業化が進み、都市への人口集中が起こっていた。その規模は高度経済成長の時代には及ばないものの、都市部には新たな流入者があり、そうした人間をターゲットとして勢力を拡大したのが天理教だった。当時、天理教の拡大する拠点となったのが、大阪であった。

最近では、バブルの時代に、都市への人口集中が起こっていた。その規模は、高度経済成長の時代に及ばないし、ささやかではあったが、世界の中心であると宣伝され、地価が高騰した東京などの大都市に流入してくる人間の数は一時的に増えた。その時代に、宗教ブームということが言われたのも、都市への人口集中と無関係ではなかっただろう。

創価学会のような巨大教団は生まれなかったものの、オウム真理教や幸福の科学などが最初に注目されたのも、バブルの時代においてだった。

特に新しい宗教は、社会を映し出す鏡としての機能を果たしている。それは、たんに都市への人口集中と新しい宗教の勃興という関係のみにとどまらない。新たに都市部へ流入してきた人間たちが望むのは、まず第一に安定した生活であり、豊かな生活への展望が切り開かれていくことである。創価学会は、現世利益の実現を強力に打ち出すことで、そうした都市への新たな流入者の願いをかなえようとした。

創価学会ほど、現世利益を強調した教団はなかった。しかも、創価学会には折伏や謗法払いといった、一歩間違えば狂信的にもなりかねない布教のための武器があった。高度経済成長の時代は、社会全体が熱狂しやすい状態にあった。安保闘争や学生運動などがその代表だが、創価学会の折伏大行進もまた、同じような熱狂によって駆り立てられた行動だった。その熱狂は、やがて選挙活動のエネルギーを生み出していくことになる。

創価学会が実現しようとしたことは、ある意味で、日本の戦後社会が実現しようとしたことでもあった。敗戦によって打ちのめされた日本国民は、豊かな生活の実現を求めて企業や労働組合といった組織を作り上げ、組織に忠誠を尽くしながら勤勉に働き続けた。その姿は、創価学会の会員たちの姿と重なる。一般の国民は、創価学会の思想や組織のあり方には賛同できなくても、追求する価値については、創価学会員と共通したものをもっているのである。

あるいは、一般の人たちが、創価学会のことを毛嫌いするのは、創価学会が日本の戦後社会の戯画だからではないだろうか。自分たちとまったく無縁なものであるとするなら、毛嫌いする必要もない。ただ無視していればいいはずだ。しかし、創価学会の悪口を言う人は少なくないし、創価学会や池田大作のスキャンダルに対して、決して無関心ではないのである。

池田大作に対する創価学会員の熱狂にしても、戦前の日本社会に存在した天皇崇拝と重なる部分がある。池田の師であった戸田城聖は、はっきりとその点を意識していて、だからこそ天皇の閲兵式を真似たのだ。

その意味で、創価学会という組織は、日本人の誰にとっても決して遠い組織ではない。むしろ、私たちの欲望を肥大化させたものが創価学会であるとも言えるのである。

【主要参考文献】（発行年順）

『折伏教典』戸田城聖監修、創価学会、1951
『日本の新興宗教――大衆思想運動の歴史と論理』高木宏夫、岩波書店、1959
『創価学会――その思想と行動』佐木秋夫・小口偉一、青木書店、1957
『人間革命』妙悟空（戸田城聖）、精文館書店、1957
『故郷七十年』柳田國男、のじぎく文庫、1959
『折伏――創価学会の思想と行動』鶴見俊輔・柳田邦男ほか、産報、1963
『人間革命』全十二巻　池田大作、聖教新聞社、1965〜93
『転換期の宗教――真宗・天理教・創価学会』笠原一男、日本放送出版協会、1966
『創価学会＝公明党』村上重良、青木書店、1967
『神々のラッシュアワー――日本の新宗教運動』H・N・マックファーランド（内藤豊・杉本武之訳）、社会思想社、1969
『創価学会を斬る』藤原弘達、日新報道、1969
『都市的世界』鈴木広、誠信書房、1970
『創価学会四十年史』創価学会編、創価学会、1970

『ホワイト調査班の創価学会レポート』J・W・ホワイト（宗教社会学研究会訳）、雄渾社、1971
『私の履歴書』池田大作、日本経済新聞社、1975
『革命の大河――創価学会四十五年史』上藤和之・大野靖之編、聖教新聞社、1975
『新宗教の世界　二』縄田早苗ほか、大蔵出版、1978
『大宅壮一全集　第4巻』大宅壮一、蒼洋社、1981
『牧口常三郎全集』全十巻　牧口常三郎、第三文明社、1981～96
『戸田城聖全集』全九巻　戸田城聖・戸田城聖全集出版委員会、聖教新聞社、1981～90
『美と宗教の発見（梅原猛著作集三）』梅原猛、集英社、1982
『新宗教辞典』松野純孝編、東京堂出版、1984
『教学の基礎』創価学会教学部編、聖教新聞社、1988
『新宗教事典』井上順孝ほか編、弘文堂、1990
『宗教年鑑　平成二年版』文化庁編、ぎょうせい、1991
『牧口常三郎の宗教運動』宮田幸一、第三文明社、1993
『となりの創価学会――内側から見た「学会員という幸せ」』、宝島社、1995
『創価学会解剖』アエラ編集部、朝日新聞社、1996

『新宗教時代　1』出口三平ほか、大蔵出版、1997
『タイムトゥチャント——イギリス創価学会の社会学的考察』ブライアン・ウィルソンほか、紀伊國屋書店、1997
『戸田城聖伝』西野辰吉、第三文明社、1997
『アメリカの創価学会——適応と転換をめぐる社会学的考察』フィリップ・ハモンドほか、紀伊國屋書店、2000
『創価学会財務部の内幕』「学会マネー」研究会、小学館文庫、2000
『戸田城聖とその時代』佐伯雄太郎、鹿砦社、2000
『日蓮入門——現世を撃つ思想』末木文美士、筑摩書房、2000
『宗教年鑑　平成十四年版』文化庁編、ぎょうせい、2003
『創価学会とは何か』山田直樹、新潮社、2004

（増補分）
『香峯子抄』主婦の友社、2005
『池田大作——行動と軌跡』前原政之、中央公論新社、2006
『創価学会の実力』島田裕巳、朝日新聞社、2006

主要参考文献

『公明党vs.創価学会』島田裕巳、朝日新聞社、2007
『創価学会の研究』玉野和志、講談社、2008
『民族化する創価学会』島田裕巳、講談社、2008
『創価学会　もうひとつのニッポン』島田裕巳・矢野絢也、講談社、2010
『創価学会は復活する⁉』島田裕巳・小川寛大、ビジネス社、2023

増補した章については、『池田大作なき後の創価学会――巨大教団が迎える危機の研究』（宝島社、2007）に寄稿した著者の文章をもとに加筆した。

おわりに

創価学会は日本で最大の宗教団体である。浄土真宗も、東本願寺と西本願寺などをあわせれば、信者の数は一〇〇〇万人を超えるが、単体では創価学会に及ばない。

しかも、創価学会には熱心に活動する会員が多い。彼らは、会費の支払いはないものの、「聖教新聞」を何部も購読し、その配達もほぼ無償のボランティアで行っている。一年に一度、十二月には「財務」を行う。目安は一万円だが、信仰によって功徳があったと感じる会員は一〇万円、さらには一〇〇万円を支払う。そして、選挙のときには、公明党の候補者、さらには連立を組む自民党の候補者を全力で応援する。

こうした組織は、創価学会以外には存在しない。その分、政治の世界への影響力は大きい。自民党が公明党と連立を組んだのも、創価学会票が絶大な威力を発揮することを知っていたからだ。

それだけの力を持っているだけに、創価学会を批判する声も少なくない。だが、創価学会がいったいどういう組織なのか、宗教としてどういった特徴があるのかをはっきりと認識している人の数は決して多くはない。

それでも、ほとんどの人たちは、若くして創価学会の第三代会長となり、組織を率いてきた池田大作のことは知っている。その池田は、二〇二三年十一月十五日、九十五歳の天寿をまっとうした。

池田が会員たちの前にもほとんど姿をあらわさなくなって十数年が過ぎており、また年齢のこともあって、その日が訪れることはかなり前から予想されていた。

だが、実際に池田が亡くなってみると、その喪失感は予想を超えているようにも思える。いったいこれから創価学会はどうなるのか。そして、創価学会が支援してきた公明党はどうなるのか。政治が誰にとっても重要な問題である以上、国民全体がそうしたことに関心を持たざるを得ない。

ポスト池田という重大な局面にあって、創価学会をどのように考えたらいいのか。今回は、二〇〇四年に同じ新潮新書の一冊として刊行した『創価学会』を大幅に増補することとした。

著者である私にとって、旧版の『創価学会』は、とても思い出深いものであるとともに、文筆を生業とすることを可能にしてくれた著作でもある。

旧版の刊行からほぼ二十年が経った。創価学会も大きく変わったし、日本も大きく変わった。その変化が、私たちの暮らしにどのようにかかわってくるのか。創価学会という存在を通してもう一度考え直してみる価値はあるのではないだろうか。

創価学会の会員に接していると、彼らが、一般の日本の庶民からは感じられない強い信念を持っていることに気づかされる。会員ではない私たちに、そうした信念はあるのだろうか。それを問うことこそが、もっとも重要な問題なのかもしれない。

二〇二三年十一月二十八日

島田裕巳

島田裕巳　1953（昭和28）年東京生まれ。作家、宗教学者。東京大学大学院人文科学研究科博士課程修了。『相性が悪い！』『仏像鑑賞入門』『神社崩壊』『日本の10大新宗教』など、著書多数。

Ⓢ新潮新書

1028

完全版《かんぜんばん》
創価学会《そうかがっかい》

著　者　島田裕巳《しまだひろみ》

2024年1月20日　発行

発行者　佐藤隆信

発行所　株式会社 新潮社

〒162-8711　東京都新宿区矢来町71番地
編集部(03)3266-5430　読者係(03)3266-5111
https://www.shinchosha.co.jp

装幀　新潮社装幀室

印刷所　大日本印刷株式会社

製本所　加藤製本株式会社

ISBN978-4-10-611028-3　C0236

Ⓢ新潮新書

043 相性が悪い！ 島田裕巳

職場、友人、恋愛、夫婦、親子——。なぜ、私とあの人はダメなのか？　かくも普遍的な問いの答えは「生まれ順」だった！　思わず膝を打つ、決定版「相性の法則」。

415 世界の宗教がざっくりわかる 島田裕巳

グローバル化と科学の進歩で狭くなった世界において、宗教の存在感は増す一方。その全体像を知らずして、政治・経済・事件の本質はつかめない。現代人のための宗教ナビゲーション！

553 仏像鑑賞入門 島田裕巳

すぐれた仏像に親しむことは、現代日本人の「特権」である。しかし、そもそも仏像とは何なのか。歴史や造り方、鑑賞と信仰の関係、秘仏の謎などを通じて、その本質に迫る。

777 神社崩壊 島田裕巳

二〇一七年末に富岡八幡宮で起きた前代未聞の事件は、〝崩壊〟の予兆なのか——。不透明な経営や経済格差、神社本庁の正体、「日本会議」との関係など、宗教学者が神社界のタブーを抉る。

569 日本人に生まれて、まあよかった 平川祐弘

「自虐」に飽きたすべての人に——。日本人が自信を取り戻し、日本が世界に「もてる」国になるための秘策とは？　東大名誉教授が戦後民主主義の歪みを斬る、辛口・本音の日本論！

Ⓢ新潮新書

003 バカの壁 養老孟司

話が通じない相手との間には何があるのか。「共同体」「無意識」「脳」「身体」など多様な角度から考えると見えてくる、私たちを取り囲む「壁」とは——。

045 立ち上がれ日本人 マハティール・モハマド 加藤暁子訳

アメリカに盲従するな！　中国に怯えるな！　愛国心を持て！　私が敬愛する勤勉な先人の血が流れる日本人を、世界は必要としているのだから。マレーシア発、叱咤激励のメッセージ。

058 40歳からの仕事術 山本真司

学習意欲はあれど、時間はなし。40代ビジネスマンの蓄積を最大限に活かすのは「戦略」だ。いまさらMBAでもない大人のために、赤提灯のビジネススクール開校！

091 嫉妬の世界史 山内昌之

時代を変えたのは、いつも男の妬心だった。妨害、追放、そして殺戮……。古今東西の英雄を、名君を、独裁者をも苦しめ惑わせた、亡国の激情を通して歴史を読み直す。

132 虎屋　和菓子と歩んだ五百年 黒川光博

光琳が贈った、西鶴が書いた、渋沢栄一が涙した。その羊羹は、饅頭は、いわば五感で味わう日本文化の粋。老舗を愛した顧客と、暖簾を守った人々の逸話で綴る「人と和菓子の日本史」。

Ⓢ新潮新書

181
心臓にいい話
小柳仁

日本人の三大死亡原因のひとつであり、さらに増えつつある心臓病。あなたの健康と生命を守る基礎知識と治療の最先端について、心臓外科の権威がやさしく説く。40歳からの必読書！

383
イスラエル
ユダヤパワーの源泉
三井美奈

人口わずか七五〇万の小国は、いかにして超大国アメリカを動かすに至ったか――。四年の取材で迫ったユダヤ国家の素顔と、そのおそるべき危機管理能力、国防意識、外交術とは！

882
スマホ脳
アンデシュ・ハンセン
久山葉子訳

ジョブズはなぜ、わが子にiPadを与えなかったのか？　うつ、睡眠障害、学力低下、依存……最新の研究結果があぶり出す、恐るべき真実。世界的ベストセラーがついに日本上陸！

930
最強脳
『スマホ脳』ハンセン先生の特別授業
アンデシュ・ハンセン
久山葉子訳

コロナ禍で増えた運動不足、心に負荷を抱える子供たち――低下した成績や集中力、記憶力を取り戻すには？　教育大国スウェーデンで導入された、親子で読む「脳力強化バイブル」上陸。

950
一汁一菜でよいと至るまで
土井善晴

画期的提案「一汁一菜」に至るまでの、父、土井勝への思い、修業や悩み、出会いと発見――テレビでおなじみの笑顔にこめられた、「人を幸せにする」料理への思いをすべて語り尽くす！